哆神的

中国古代神奇动物图鉴

方佳翮
著 绘

Fantastic Creatures in Chinese Ancient Mythologies

中信出版集团 | 北京

序·保护神秘世界的物种多样性

因为兴趣，我一直在关注中国古代的神兽。

首先，“神兽”这个概念是今人喜欢谈的。其实最早的“神兽”叫“物”，就是事物的“物”。《左传·宣公三年》记载：“铸鼎象物。”这个“物”不是普通的物，而是怪物。据说，夏禹把各种怪物的形象铸在九鼎上，因此“怪物”又叫“物怪”。今天出土的青铜器上的很多神兽造型，都能和《山海经》中的神兽找到对应。

神兽的发展，大概可以分为三个阶段。

第一是原始阶段。这个阶段大概对应春秋到魏晋，神兽带有非常强烈的自然特征，是人们既害怕又崇拜的对象。当时有一个专门的称呼叫“畏兽”，郭璞注《山海经》时经常提到一种“畏兽图”，《山海经》里的怪物同时也出现在“畏兽图”中。“畏兽”，意为人们害怕的东西。庄子说：“水有罔象，丘有峷，山有夔，野有彷徨，泽有委蛇。”不同的地方有不同的怪兽。普通人要做的，就是尽量认识这些怪物，在野外猝然遭遇的时候能够尽快认出它们，尽早躲避。

第二是杂糅阶段。这个阶段大概对应南北朝到唐宋，神兽开始演化为政治含义浓厚的“瑞兽”。人们开始对神兽失去恐惧感，学会加以利用。很多原始怪兽消失了，还有一些被人类“驯化”，比如成了镇墓兽，或者蹲在门口看门。上古“四凶”—— 饕餮、浑沌、梼杌、穷奇，也被抓来当镇墓的“保安”了。

第三是没落阶段。这个阶段对应宋以后，神兽完全失去了神的意义，沦为装饰品和宗教神佛的坐骑。我们去北海公园，会看到九龙壁。九条龙纵横飞舞，但我们并不觉得害怕。因为“龙”这种神兽，已经失去了神秘感，和帝王乃至普通人的生活紧密联系在一起了。

甚至还有神兽演变成了人形，最典型的当然就是真武大帝。真武大帝的原型“玄武”，在上古时代就是龟和蛇。但后来逐渐拟人化，龟蛇反而变成真武大帝的守护神将了。《西游记》里的妖怪多数也是神兽，能变成人，生活在人类的世界里。随着人类文明的不断发展，未开发领域的不断缩小，神兽逐渐失去了神性，被人文化、政治化了。

但是，人们并不会因为神兽神性的消失而忘记它们。正如华南虎、白鱀豚的濒危，反而激发了人们保护珍稀动物的热情。因为越是稀少的物种，越值得投以注视的目光。

保护物种的多样性，是为了我们人类自己的存续，这在今天已经取得了共识。因为每一个物种的消亡，都意味着与之相关的更多物种的消亡。每一个物种对生态环境的平衡，都做出了不可估量的贡献。

同样，保护神秘世界中物种的多样性，也是为了我们精神世界的存续。因为神秘世界的每一个物种背后，都关联着无数精神层面的事物，它们共同维持了想象世界的生态平衡。例如，我们可以忘记庄子笔下的神兽大鹏，但大鹏这一物种的消亡，意味着我们将无法理解李白——他一生以“大鹏”自居，从早年到晚年，绝无改变；还意味着用这一物象对译过来的“金翅鸟”也将消亡。我们将无法理解《西游记》里狮驼岭的故事，甚至无法理解金庸先生的小说《天龙八部》。

大家即将看到的这部《够神的：中国古代神奇动物图鉴》，正体现了保护神奇物种多样性的目的。从目录就可以看出，这部书的胸襟是很大的，既包括了上古货真价实的神兽，如《山海经》里的相柳、九尾狐，也包括了本不是神兽的二十八宿——演禽术（一种占卜术）将其与二十八种动物匹配的产物，甚至还包括了“梅山七怪”等明清小说中的妖怪。这些物种看上去时代不同、形状各异，其实是互相关联的。

本书有精美的绘画、对画面细节的解说，还有各种精彩的故事，相信读者翻一翻就能发现它的妙处，无须多说。不过，本书有一个鲜明的特点：它不是一部资料性质的工具书，却把想象世界的神兽做了分类，正如生物学家把真实世界的动植物做分类一样。

古人很少给神秘动物做分类，但分类却能使人们更容易看清个体之间的关系。本书的分类方式，依然保留了中国传统的五行配五方的结构。这和古代的“五虫”说有潜在的渊源。而各方动物的属性，也基本符合木、火、金、水、土的特质，以二十八宿各自分属的“四灵”来统领——青龙为“孟章”，朱雀为“陵光”，白虎为“监兵”，玄武为“执名”，而中央以“明堂”（象征着宇宙中心）坐镇，更是一套完整的中国式体系了。

保护神秘动物的工作，西方人其实已经走在了我们前面，例如近年来国内陆续上市的《博物学家的神秘动物图鉴》《超自然变形动物图鉴》等，都是研究和整理神秘动物的奇书。而这些书又深刻地影响着文学、游戏、影视，使西方的神秘动物更加深入人心。我国的神秘动物资源一点儿都不比西方差，但没有多少人做真正的整理，以至这些宝贵的资源只能沉睡在散乱的史料中。我相信，这部《够神的：中国古代神奇动物图鉴》将开启一个新的风气，让我们重新审视自己的神话资源，甚至创造一门中国的“神话生物学”，也不是不可能的事情。

李天飞
作家、北京大学古典文献学硕士

导言

绘制中国神兽，是应该遵循无数传统文物的造型，还是要符合现代人的审美？

唐宋以前的瑞兽造型美到毫巅，前人之述颇多。而现代审美，无论是日式的浮世绘效果、美式的动漫风格，抑或被称为“中国风”的新水墨，都有足够的拥趸。在绵延了数千年的文明史中，我们给这些神奇的动物添加了太多象征性的含义，不仅仅体现在对它们形象的描述上，还体现在它们所象征的意义，甚至是它们的名字上。我应该尽可能地用造型艺术展现其象征意义，解释给更多的人听，于是就有了这本奇怪的书。我希望通过加入星象、阴阳五行、八卦、奇门遁甲，甚至是西方魔法阵、现代数学、物理等元素，让这些动物有全新的面貌，同时也向更多人展现更多元的中国文化。

最先画出来的是“四海龙”，这是最早的构想图。我觉得既然是分为东、南、西、北四海，那四海龙的区别绝不仅仅是肤色的差异。在孩提时代，看张仃先生主持设计的《哪吒闹海》，四海龙神分别是青绿色、红色、白色和黑色，这是老先生在深刻理解中国五行的基础上对角色进行的色彩设定。其中青绿色的是东海龙王敖广，对应五行中的“木”。以此类推，红色对应南海龙王，代表“火”；白色对应西海龙王，代表“金”；黑色对应北海龙王，代表“水”。但是它们在造型上大致相仿。“龙”并非只是我国的概念，在所有地域的文化中都有被翻译成“龙”的形象，比如佛教“天龙八部”中的“龙众”，印度神话中的龙王“婆苏吉”，等等。所以我画的四海龙带有明显的地域造型特点：东海龙以我们所熟知的中国龙的造型为基础，更多地加入了“四象”中苍龙的造型；南海龙更多以吴哥窟“搅拌乳海”雕塑中的龙为参考，当然我只用了其中的一个头（吴哥窟中的龙是九头的造型）；西海龙借鉴欧洲许多教堂壁画中龙的造型，有翅膀，并且有七个头的大蛇形象；北海龙参照了欧洲骑士的纹章和《尼伯龙根之歌》中对龙的描写。同时，为了让各种龙具有相同的特点，有一个家族中各个亚种的感觉，我进行了一些小规定：

首先，真正的龙一定有六十九节脊椎骨。这不是一个随便的数字，“六”是阴数的尽数，“九”是阳数的尽数，这符合中国对阴阳的解释。其次，真正的龙腰椎一定是七节，这是为了以龙的腰椎数目对应北斗七星。再者，真正的龙下颌到脖颈处有“逆鳞”，触者必被杀。

加入这些设定，是因为我们是一个对象征特别敏感的文化群落。之所以用“群落”一词，是因为我觉得我们是最为开放的一个民族，我们将各种文化中自己感兴趣的点拿出来，融会到自己的文明当中。所以，“中国”不仅仅是一个地域概念，更是一个文化概念。我们的世界观从抽象走向具象，又回到抽象中去。比如“龙马”和“玄龟”。据说伏羲在天河中看到龙马，从它背上的图案中得到启发，于是绘制出“河图”。而在几千年后，大禹在治水的路上得到河伯的帮助，参悟了玄龟背上的图案——洛书，从而顺利地完成了治水大业。现在从网上很容易搜索到“河图”和“洛书”的样子——只是黑色和白色的点，并且用线相连。但是这些抽象的符号中隐含着中国阴阳五行的道理。即使稍稍研究一下“河图”，你也会知道它与八卦相对应。我们又能从八卦运行中得到在各种日本漫画、中国武侠中经常出现的“奇门遁甲”之“八门”，然后无限推演，成了诸葛武侯的“八阵图”等玄而又玄的神奇阵法。

另外，中国的神兽不只是动物，还有更深远的预言和寓言意义。比如说《山海经》中经常提到，看到某一种动物就预示着天下有大事即将发生。最为典型的是“凤”—— 注意是“凤”，不是“凤凰”。现在大家基本都知道“凤”和“凰”是两种鸟，应该是夫妻关系。《山海经·南山经》中有一座“丹穴之山”，其中就提及见到“凤”就会“天下安宁”，这就是所谓的瑞兽。也有很多“凶兽”，因为有着炫酷的名字，常出现在当今各种游戏当中，为大家所熟知，比如饕餮、梼杌、穷奇等。这些凶兽为什么会成为凶兽，又为什么是这样的造型？一切的答案皆在本书当中。

此外，本书中也有一些画者的“私货”，暗藏着一些小密码和个人想表达的小秘密，权作彩蛋以博大家一笑。

方佳翮
2019 年 5 月

目录

画章

陵光

明堂

监兵

执名

孟章

mèngzhāng

孟章大陆是东方的神秘之乡，多海岛，产奇兽，出英豪。

流波山上，夔牛被黄帝剥皮做了战鼓；东海湾里，龙子被哪吒剥皮抽筋；黄帝大战蚩尤，大羿射杀大风。若无诸神争斗、恶兽侵袭，这里山水灵秀、禽兽通明，是个宜居的所在。

07
06
05
04

01 —— 角木蛟
02 —— 亢金龙
03 —— 氐土貉
04 —— 房日兔
05 —— 心月狐
06 —— 尾火虎
07 —— 箕水豹

苍龙七宿

cānglóngqīxiù

“苍龙七宿”神化为“孟章星君”，“孟章星君”对应着“东胜神洲”大陆，因此后者被称作“孟章大陆”。地势山川均在角、亢、氐、房、心、尾、箕七大星区笼罩之中，由七位星君护法。

角木蛟

jiǎomùjiāo

亢金龙

kàngjīnlóng

氐土貉

dītǔhé

房日兔

fángrìtù

心月狐

xīnyuèhú

尾火虎

wěihuǒhǔ

箕水豹

jīshuǐbào

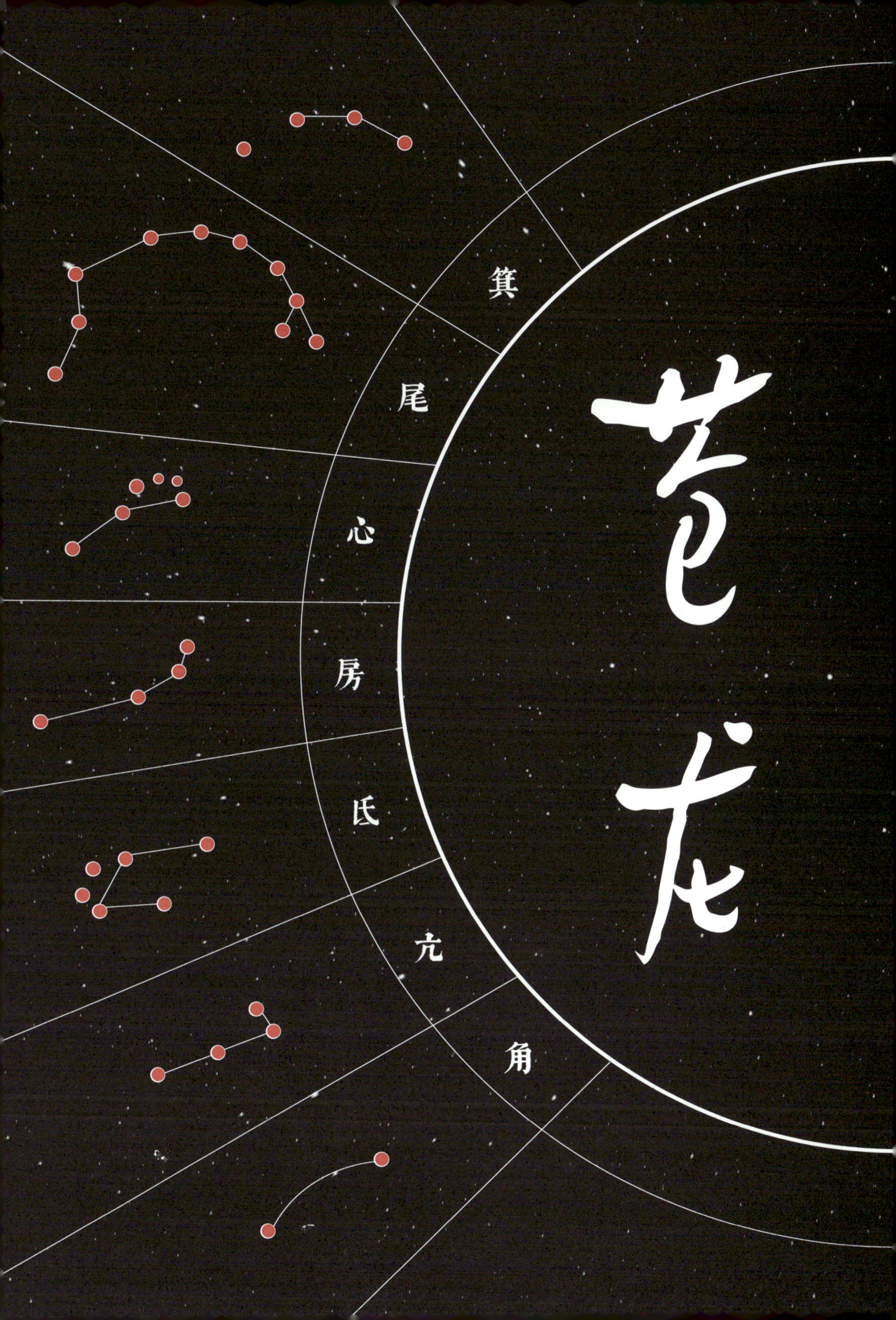
苍龙
箕
尾
心
房
氐
亢
角

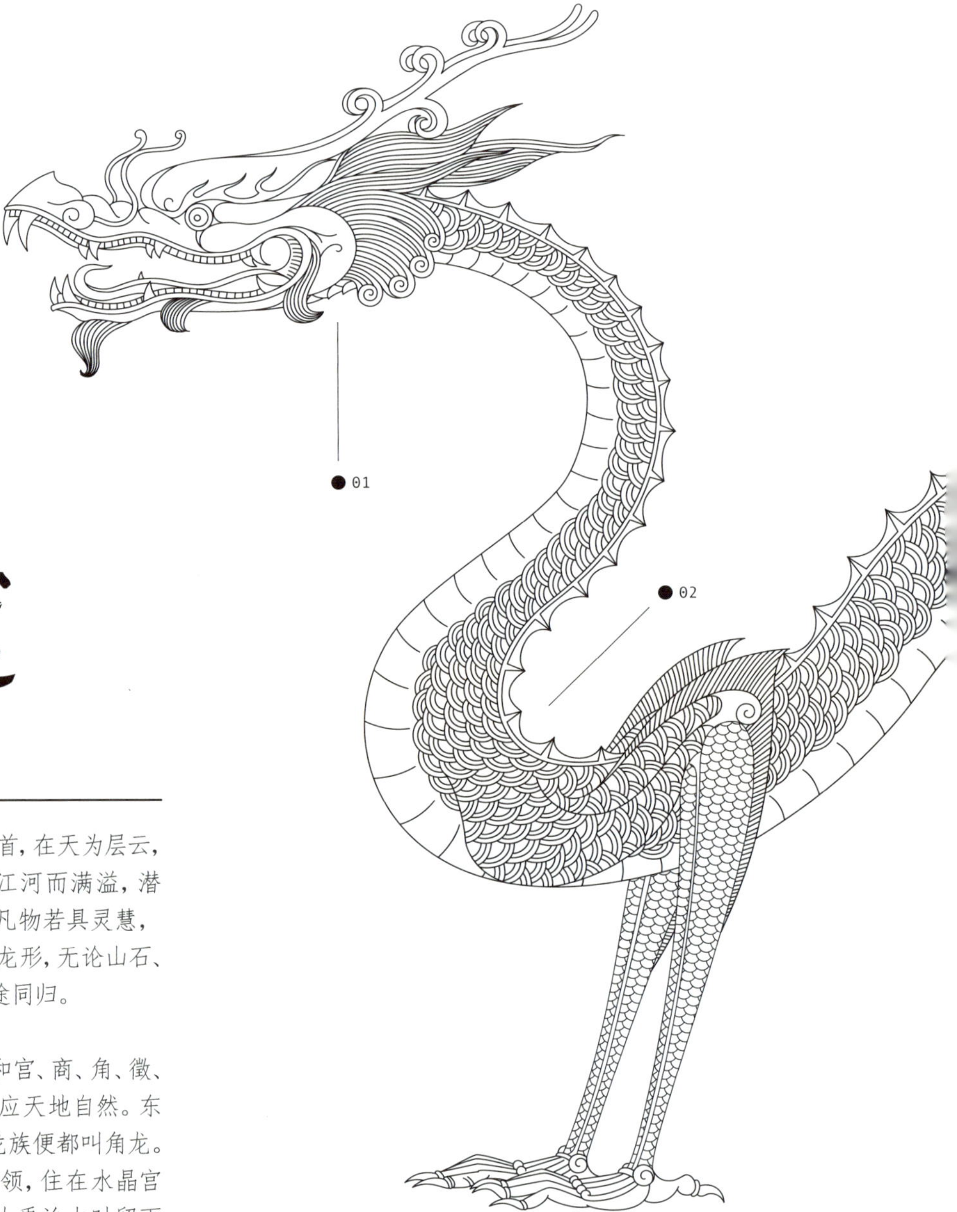

角龙

juélóng

龙为世间鳞虫之首，在天为层云，落地为峰峦，入江河而满溢，潜湖海则起狂涛。凡物若具灵慧，年长日久便近似龙形，无论山石、虬木、异兽，殊途同归。

真龙有五形，正和宫、商、角、徵、羽五音相配，顺应天地自然。东方为角音，东海龙族便都叫角龙。敖广是它们的首领，住在水晶宫里，看守着当年大禹治水时留下的“定海神珍铁”。

01—— 逆鳞
触则暴怒

02—— 七寸
龙族的弱点

03—— 龙棘
内有七节，对应北斗七星

04—— 六十九节椎骨
是至阴至阳两个数字的结合

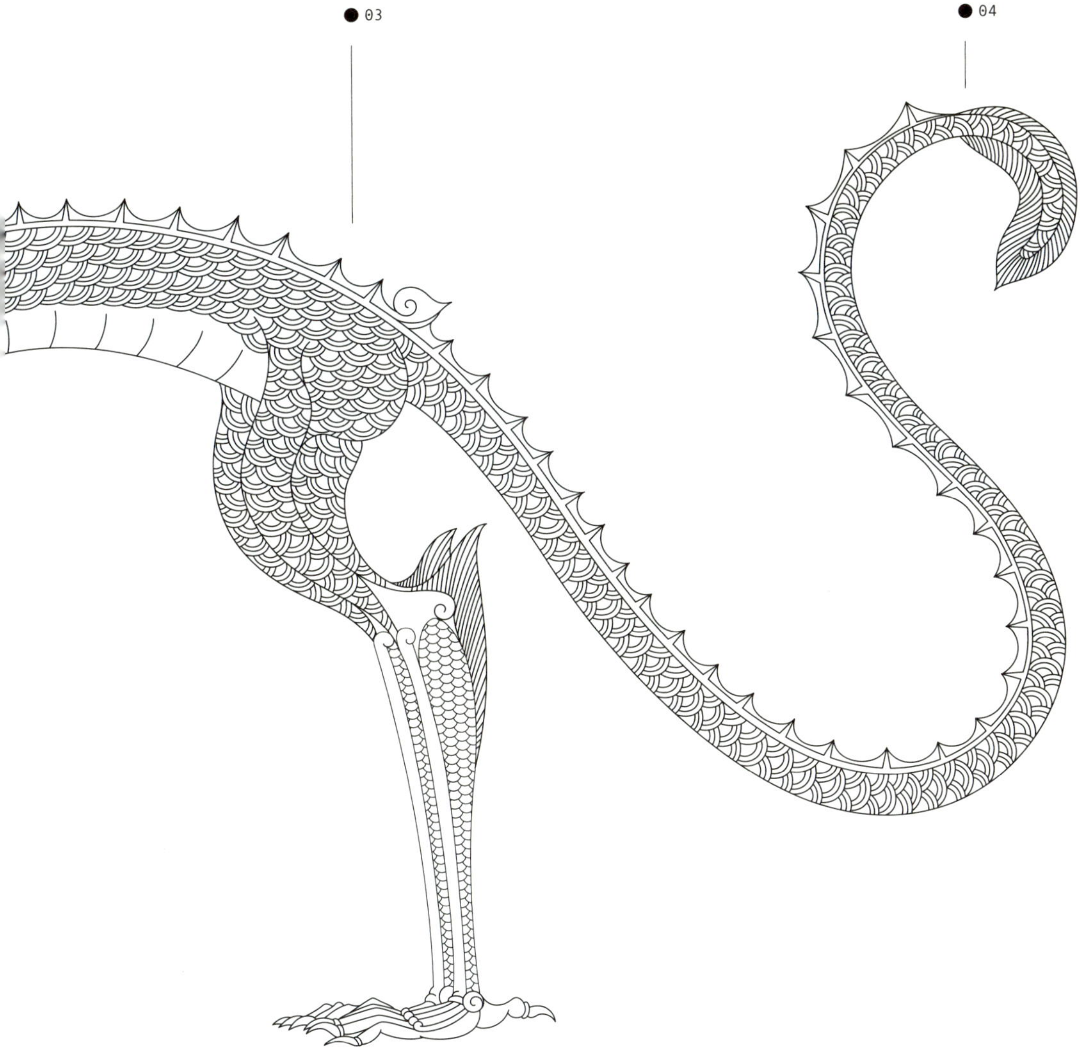

嘲风

chάofēng

嘲风身似狼，头顶有双角，前肢聚飞羽，指爪如虎豹。浑身细鳞能潜海，前臂飞羽可滑翔。北斗龙脊有定数，龙子行列排老三。

嘲风一族生活在东海，一年中大多数时候都在海面以下活动。等到六月之后，有异禽大风从东海飞过，掀起暴雨狂风。嘲风水族便抓住这一时机，纷纷攀上岸边礁石和峭壁悬崖，向风借力，遨游苍穹。

旧时以龙作兵，龙裔各有其职。因嘲风能登高，不恐高，乘风而行，能飞数里之遥，便担任前哨，飞在三军前面打探敌情。

01—— 前肢
鳞羽过渡

02—— 龙棘
七节，对应北斗七星

03—— 尾尖
龙筋从此抽出

龙甲与肉身成圣

古时候，龙是奴隶。

龙的外貌变化无常，但都有七节特殊的脊骨，称为“北斗七星棘”。它们筋骨健壮、气力大、战力强，常被用来干苦力，战时就成为冲锋敢死的士兵。漫天诸神都是主人，想出各种办法驱使它们，动辄得咎的龙族在夹缝中苟且偷生，许多幼龙还没等到长出背棘就死去了。

由于龙族战斗力强，数量又多，谁争取到龙族的支持，谁就能获得战争的胜利。每到要打仗的时候，各种势力就相互较量，争先给龙族开出优厚的条件。它们的地位看似不断抬高，其实仍旧作为战争资源被不断消耗。

龙族活着时毫无尊严，死了也会被充分利用，身上的部件往往被做成各种装饰，穿戴在神明们的身上。譬如用完整龙皮做成的盔甲是顶级的护具。它们越努力赴死，就越能证明自身的价值，由此陷入诡异的循环，永远无法挣脱。

到大禹治水的时候，事情起了变化。大禹为了拉拢龙族来助他治理水患，也向天下显示自己的仁德，便立下盟约，只要龙族治水有功，禹便以性命起誓，有生之年必将赐予龙族自由。禹用最简单的方式告诉他们：你们不再需要以牺牲来取悦谁了。

治水成功后，龙制品就越来越少了。

最后，一副龙甲为这个残酷的时代画下了句号。龙甲的材料来自东海龙宫三太子敖丙，而制作者是哪吒。

那一日，九湾河畔，混天绫搅动东海，龙宫震动。三太子敖丙便毛遂自荐，乘水分浪出宫巡看，随后便死在了哪吒的乾坤圈下。

敖丙是龙王三子，本体便是嘲风。哪吒将它扒皮抽筋，做了一身铠甲送给父亲李靖。李靖一介凡人，能在封神大战中安然无恙，最后肉身成圣，就是靠着这副龙甲。

很多年以后，有一个叫朱泙漫（《庄子·列御寇》）的人跟随大师支离益学习屠龙之术，可惜学会之后，却再无用武之地。

不是世上无龙，而是再无可杀之龙了。

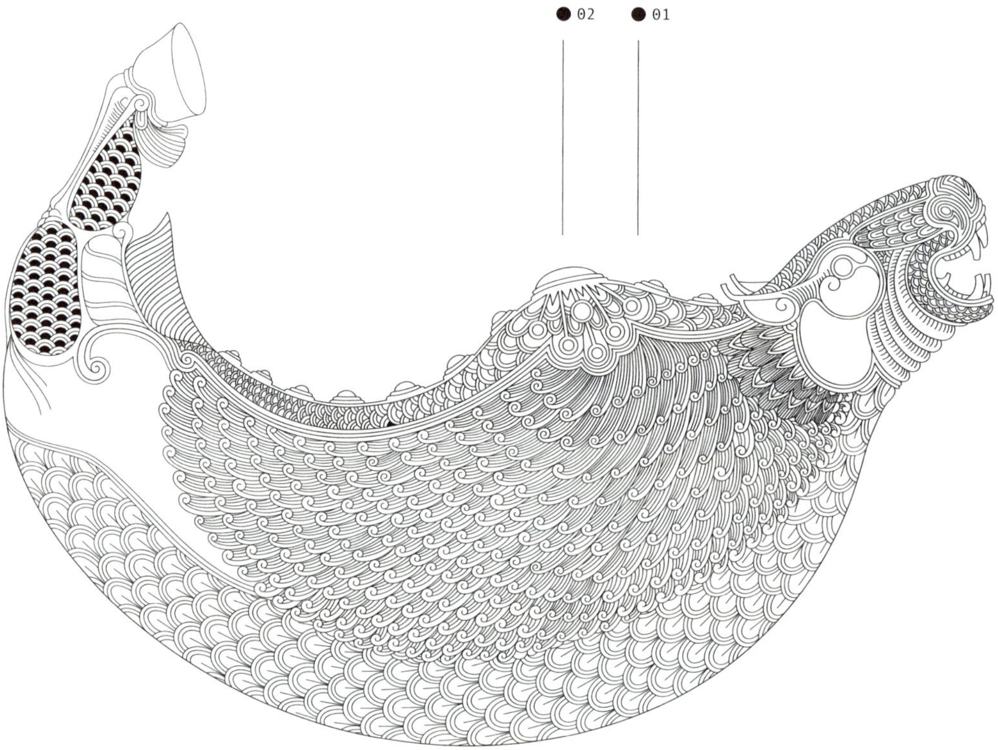

夔牛

kuíniú

苍身无角，夔牛一足。东海中有流波山，入海七千里，山上生活着一种神兽：样子像牛，腹部长鳞，脊背生毛，脊骨正中镶嵌着一枚硕大的明珠，周围环绕小珠：脊上十颗，应十日太阳之数；绕背十二，合十二月太阴之数。日月双悬，旷照四野。凡夔牛所到之处，海水翻起波浪，必有明光出现，且有无端风雨相伴。

此东海异兽独居海岛，捕幼龙为食。其身坚硬无比，皮如金铁，齿如钢钉，一发声似九霄雷动，震慑海境鳞虫。

01—— 月珠
共十二颗，环绕脊背顶的明珠分布

02—— 日珠
共十颗，沿脊椎分布

雷神之死

黄帝与蚩尤作战，连败九场，兵力折损过大，士气萎靡。

虽然黄帝是主宰大地的神人，是天命选定的天下共主，但蚩尤不肯降服，而且他率领的九黎部族战无不胜，使得黄帝的军队节节败退。为扭转危局，黄帝不得不亲自前往东夷，寻求帝俊的援助。

帝俊是女娲造出的第一个男人，也是东夷族的首领。东夷族占据神州东南，雄霸海疆，世代信奉风神飞廉，以飞鸟为图腾。可惜时移世易，风伯飞廉与雨师萍翳早已叛离天神的阵营，成了九黎的助力。这使得东南海域内的天柱失去了守护者，不时有海中的怪兽前来滋扰。

那头怪兽身形巨大，仅有一只脚，披着苍黑色的皮毛，脊背上嵌着二十二颗明珠，华光璀璨之外，更有呼风唤雨、移山倒海的力量。

帝俊只能拒绝黄帝借兵的要求——东夷的士卒必须对抗海中怪兽，守卫天柱和家园。黄帝无功而返，转机却在夜间出现。在东海之滨，他遇到了白泽，一只神秘的走兽。它告诉黄帝：东海之中有流波山，山上有怪兽，苍身一脚，其名为“夔”。若能擒而杀之，剥皮制鼓，以雷泽之神的肋骨敲响，便能扭转战局、振奋军心、克敌制胜。

黄帝是仁君，垂拱而天下治。但若不能战胜蚩尤，就守不住天下。失去了天下的君主，又如何配得上“仁君”二字？

在一个血红色的清晨，朝阳慢慢升起，穿透雷泽的云雾。这里碧波依旧，却不再有翻滚的云雷与闪电。只有黄帝守在岸边，看着死去的雷神缓缓沉入水中。而流波山上，夔牛以同样的姿态，消失在烟波之间。

最终黄帝打败了蚩尤，帝俊获得了夔牛宝珠，天神的联盟依旧稳固。可雷神呢？如果他自愿献身，也算是死得其所，成全了君臣与天下的大义。

獬豸

xièzhì

獬豸的体形如青羊，通身却像墨染过一样黑，长着四只老虎爪，遍身布满鳞甲。唯有头上的独角雪白，眼似螺钿一般，不透虚光，因为獬豸根本不用双眼看东西，全凭独角感应，眼睛也就是个装饰。可它脊上五眼，却能观彻世间伦常；背后三纹，足以参透人情百态。

皋陶的时代天下一件冤案也没有，就因为有獬豸这圣兽在堂，皋陶对它恭恭敬敬，尊为任法兽。獬豸的角能触奸邪，别曲直，辨是非，是断案的好工具，天生一个法官的材料。

白泽

báizé

白泽长得像羊，大如白象，四爪类虎，脊尾有鳞。它通体银亮，只有角和双眼这两处像蒙了胶漆一般，盖住了银亮的皮肤。自古以来，精气为物、游魂为变者，凡万一千五百二十种，白泽全都知晓。它的身体尽集各种精怪之形，就是最好的招牌。

它的脸就是一个骷髅，暗示人死所变；背部长有龙鳞，又表示它是异兽；四只脚聚敛元气，分金、木、水、火，正喻魑魅魍魉；原形有据，“狐黄白柳灰”，表明也有精灵妖魅的成分。它的身上真是无奇不有，这里像鱼，那里似龟，此处是花，彼处又隐隐如树。凡世上之物，阳光下大千世界所产自不必说，就是阴司所录、百怪榜上有名之物，都能在白泽身上找到它们的影子。

鲧的审判

又决堤了。

尧帝命鲧治理洪水，已经过了九个年头。九年间，鲧用尽了方法巩固河堤、堵截洪流，均以失败告终。无可奈何之下，鲧登上昆仑天梯，盗取息壤。那是一种神奇的土壤，只要小小一撮，转瞬之间便能长成宏伟的高山。然而息壤也没能成功堵截洪水，鲧更是犯下偷盗神物的重罪，祸及全族，当年推举他的四岳大臣也获罪流放。深受洪水之苦的人们怨声载道，聚集起来要求罢免鲧，并将他诛杀。

此时尧帝的天年将尽，即将禅位。鲧本是最得青睐的臣子，如今却成为阶下之囚。尧帝的女婿舜适时推举了新的四岳，并提出当众审判鲧的请求，以平息民怨、建立威信。尧帝答应了。为保证公平，他要求让皋陶带着獬豸出山，担任主审。

皋陶是天下名声最响的法官，他身边的神兽獬豸，最能分辨是非曲直，从不出错。若是受审者有罪，獬豸便会用头上独角将他顶倒。

鲧的审判开始了。在一座高台上，四面皆是洪水留下的废墟。人们席地而坐，尧帝端坐主位，面向东；鲧站立中央，面向西；舜与皋陶领着四岳十二牧等大臣环坐在南面；而天帝的神主则设在北面。

鲧是否有罪？这个问题不仅关系着鲧及族人的命运，更可能影响下一任天下共主的人选。追随他治水的人争辩道：鲧殚精竭虑，为治水耗费心力，只是天不从人愿，洪水肆虐并非鲧的过错。而憎恨鲧的人，又细数这洪水夺去的人命、毁灭的村庄，把那些伤痛通通算在了鲧的头上。双方僵持不下，最终，皋陶说：“让獬豸来决定吧！”

獬豸终于登场。它抖擞着身上墨色的卷毛，螺钿一般的眼睛不曾视物，却震慑在场所有人的心。皋陶庄重地向它行礼，将它引向场中。獬豸转向鲧，未几又转向舜，前蹄轻轻在地上刨了几下，发出沉重而又均匀的低喘。它低下头，一动不动。人们开始交头接耳议论起来，嘈杂声如同决堤前土墙缓缓开裂的声音。

突然，獬豸浑身一颤，前蹄扬起，往前一冲，把鲧撞倒在地。皋陶低声道：“鲧，有罪。”

鲧因罪受刑，死在羽山。而舜接受了尧的禅让，成为新的天子。而后，鲧的尸身中孕育了一个婴儿，名叫禹，接替了舜。

白泽图

为寻找打败蚩尤的方法，黄帝曾向东夷求助。在东海之畔，遇见了一只形貌古怪的走兽。

它叫白泽，通体雪白的皮毛，能吐人言，知晓天下万事万物。

此事发生得蹊跷。东夷族世代据守东海，却从未见过这只神兽，而黄帝初来乍到，偏偏就能遇见。彼时黄帝离开帝俊的王帐，孤身一人走在海滨，前有东夷守将，后有族内护卫，竟没有一个人注意到白泽的出现。

后世记载只用了一个“得”字——帝“得”白泽神兽，却未回答白泽如何以闲庭信步的姿态，接近天命注定的人王，并赢得了他的信任。

见到黄帝后，白泽知无不言，告诉黄帝天下有哪些鬼怪，鬼怪的形貌、能力、处所，以及捕捉或猎杀的方法等，全都一一细说。

南有飞头之怪，头颅飞离身体太久就会死去；北有善化之鬼，若然作恶，便可求助于食鬼的猛虎；水中有人鱼，分为三种；海中有流波山，山上有兽，遍身皆是世间珍宝……

白泽整整讲了六个晚上。每当白泽讲述一类鬼怪，他身上的皮毛就会翻动，显出闪烁银光，勾勒出一幅幅图画。仿佛有无形之手在它的皮毛上作画，准确地呈现出各类精怪的形貌。这些画像都被抄录下来，集成一套图卷，名为“白泽图”。

黄帝问了白泽很多问题，也得到了回答，但有一件事却未曾开口：你为何出现，又为何如此一心一意地帮助我呢？

可白泽就这样消失了，再也没有在世上现身。

囚牛

qiúniú

按照真龙的标准，囚牛只能算个半成品——它没有脚，但已长出龙脊，也合北斗七星之数；腰背处也已形成棘突。这些都是化龙的前兆。

囚牛喜好音乐，它的乐器就是它的身体，可以自然地奏出宫、商、角、徵、羽五个音符。乐声合于四时，春雨初降、花过荼蘼、秋寒乍起、冬雪飘零，四季的征兆一定伴随囚牛之乐。北号之山在孟章北岸，临海有巨木长枝探出，囚牛就常常盘踞在上面，听海浪无休止地拍打山崖，远望汪洋尽头，看日升月落。

旧时以龙作兵，龙裔各有其职。囚牛就专门掌管武乐，是军乐的首席。两军厮杀时，囚牛擂起战鼓，鼓声摧肝裂胆，声威万里。

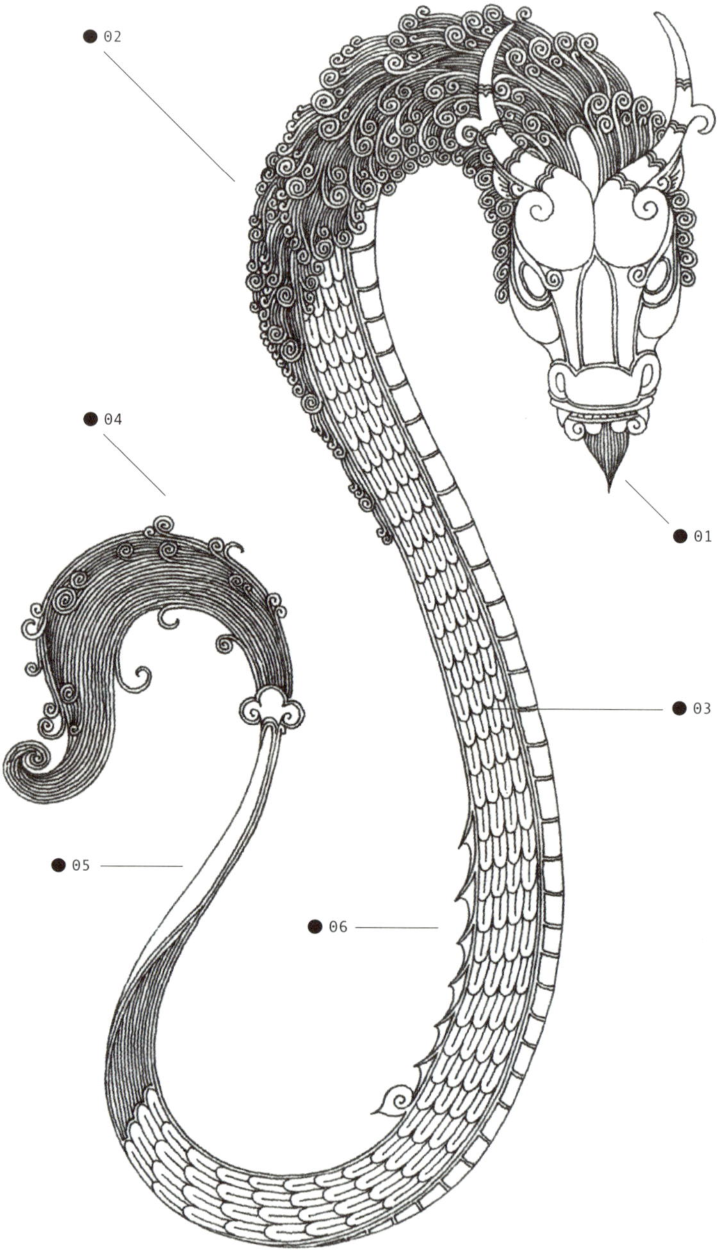

01——牛头
牛为坤，属土，指宫音

02——羊背
羊为兑，属金，指商音

03——鸡羽
鸡为巽，属木，指角音

04——马尾毛
马为乾，至阳，指徵音

05——猪尾
猪为坎，属水，指羽音

06——七星龙棘

01——冠为智

02——项为义

03——胸为信

04——腹为仁

05——背为礼

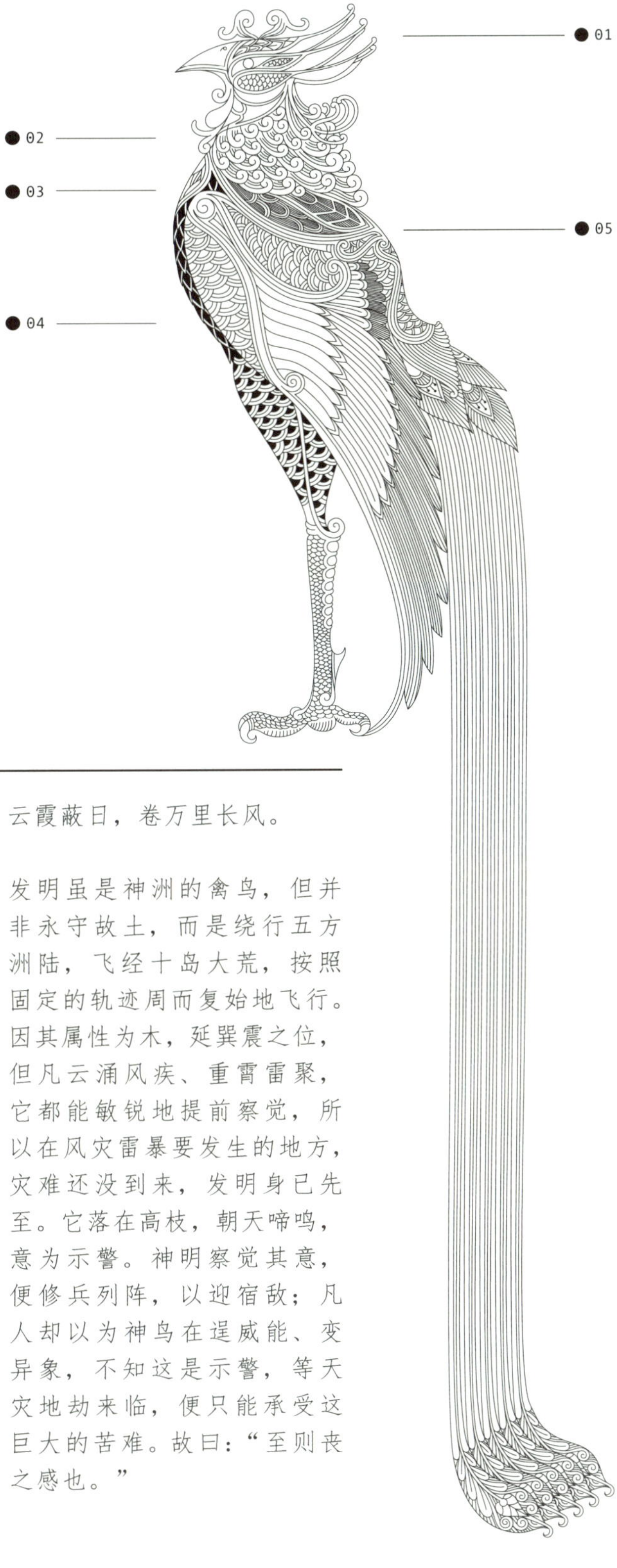

发明

fāmíng

五方之界，神鸟居之。凤皇为万禽之王，其尾具五根长翎，是为种属之显兆。凡五翎者，皆为凤属。

发明属东方，长着尖嘴和大脖颈，颈部有蓬松的羽毛，生有长长的两翼和腿，指爪尖利。五方神凤缘起东土。帝俊作坛，五行为献，黄鸟作牺牲，环树为法阵，发明由此诞生。故而身有五符铭记：身仁，戴智，婴义，膺信，负礼。

凤鸟飞腾兮，继之以日月。五方神凤应祭而生，非凡鸟可比拟。不饮不食，其身不增不减，不生不灭，跳出轮回之外。非梧桐不栖，非醴泉不饮，振翼而飞，其羽如云霞蔽日，卷万里长风。

发明虽是神洲的禽鸟，但并非永守故土，而是绕行五方洲陆，飞经十岛大荒，按照固定的轨迹周而复始地飞行。因其属性为木，延巽震之位，但凡云涌风疾、重霄雷聚，它都能敏锐地提前察觉，所以在风灾雷暴要发生的地方，灾难还没到来，发明身已先至。它落在高枝，朝天啼鸣，意为示警。神明察觉其意，便修兵列阵，以迎宿敌；凡人却以为神鸟在逞威能、变异象，不知这是示警，等天灾地劫来临，便只能承受这巨大的苦难。故曰：“至则丧之感也。”

名驹五行谱

这世间凡马有盛名者，便叫作千里马。

自古名将配宝马，乱世之中多留名。

骅骝 huáliú

青马黑鬃
白鳞为纹

骕骦 sùshuāng

色比霜纨
如云似雪

汗血 hànxiě

赤如火炭
浑无杂色

腾黄 ténghuáng

金棕黄地
德君是御

乌骓 wūzhuī

浑身漆黑
日行千里

神骏天马谱

天马者，神马也。

吉光 jíguāng

遍生鸟羽
色彩瑰丽

建马 jiànmǎ

龙首马身
背负河图

天马 tiānmǎ

四蹄踏云
肋生双翼

大风

dàfēng

“（羿）缴大风于青丘之泽。”——《淮南子·本经训》

陵光

língguāng

陵光大陆是南方人的国土，神、仙、魔的下界，三皇居住的地方，也有各类珍异之兽。

山多草木，却无治病的灵药；地多平整，却无甚可耕之田；江河亦多，但无汇流水道，却有洪涝之灾。

自大禹治水，开九州，通九道，陂九泽，度九山，这地方才变得宜居起来。可惜陵光人民，不从蛇、龙者，必从鸟、凤。龙凤争斗，流血不休，亦为憾事。

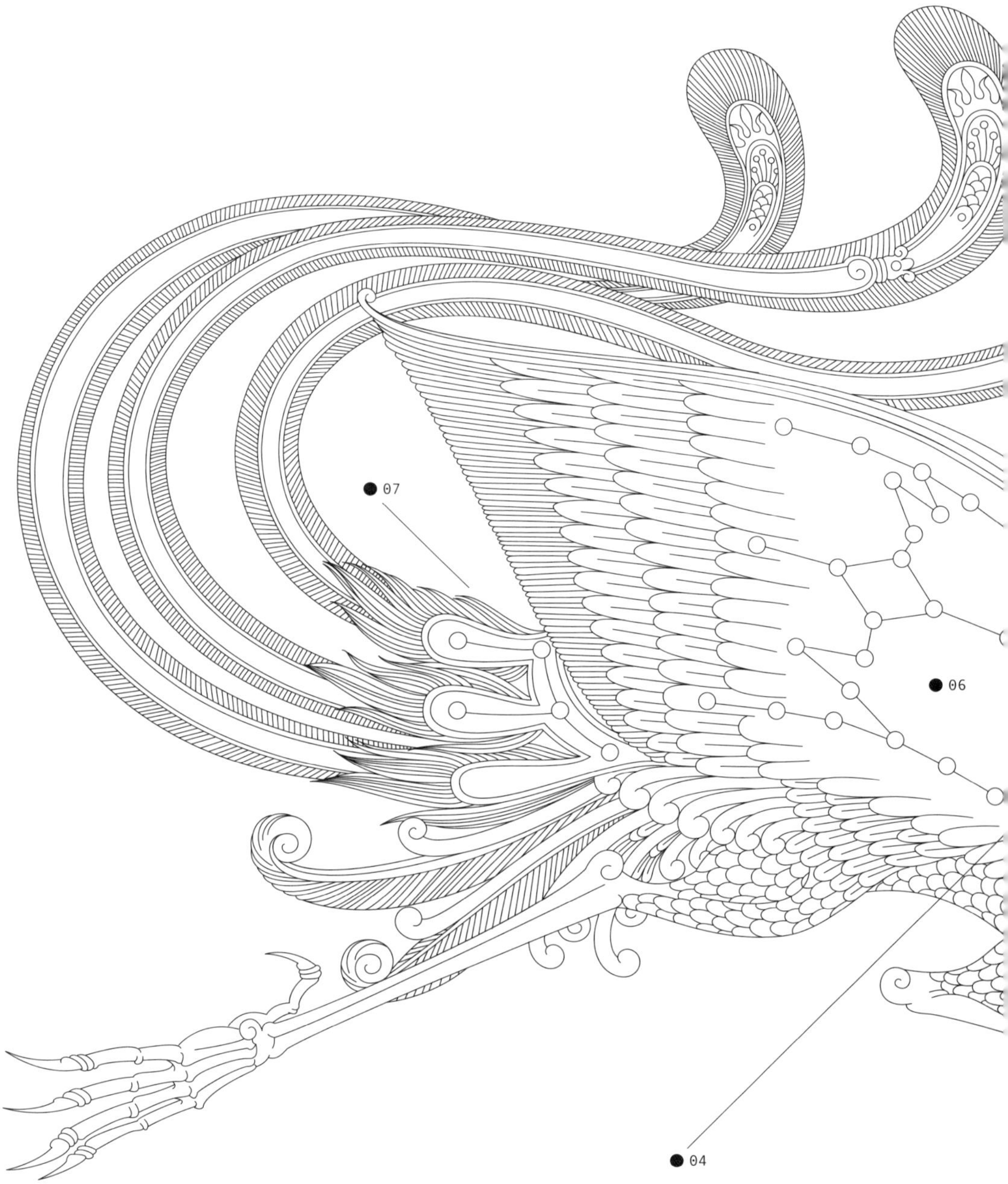
07
06
04

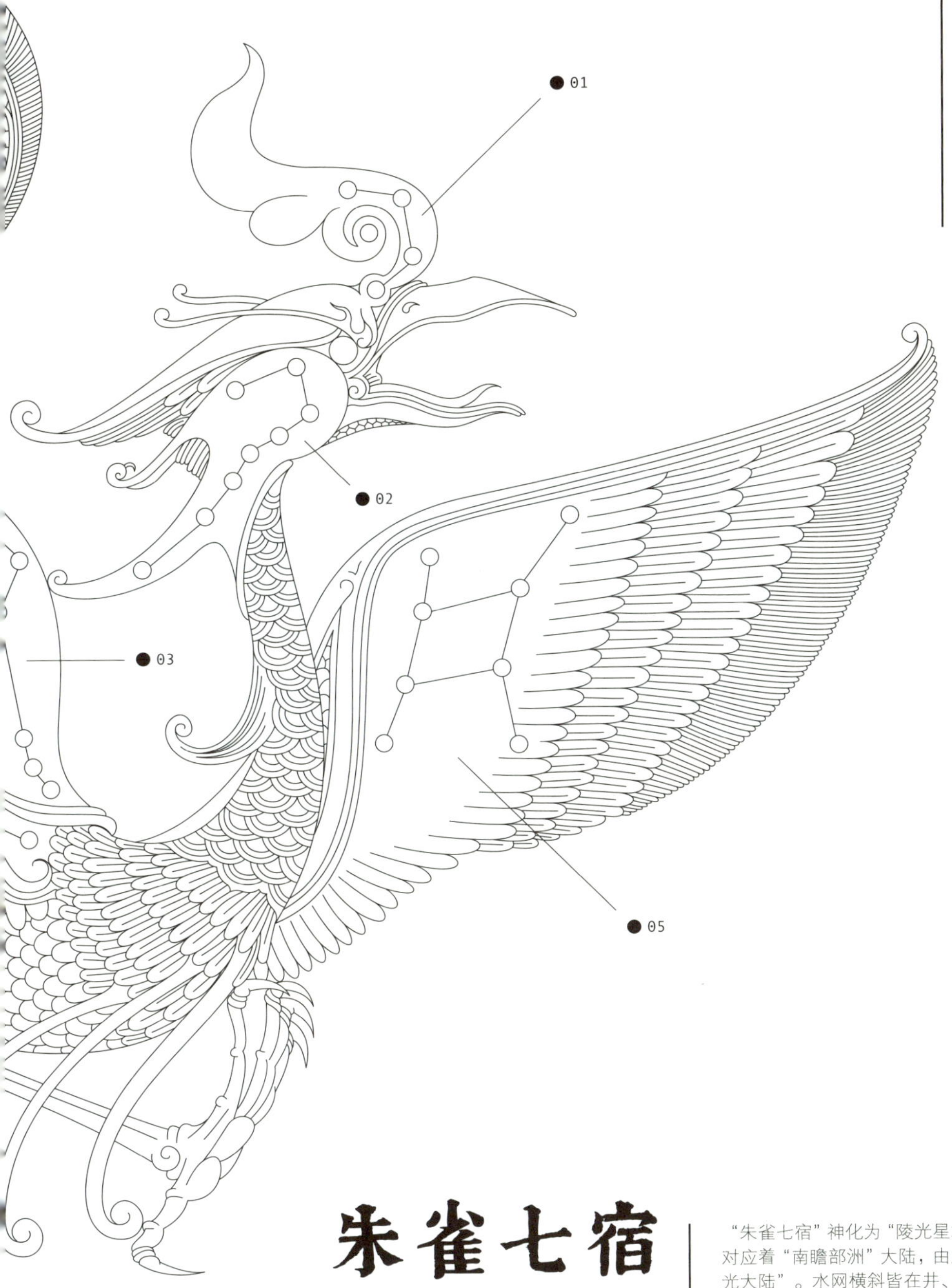

朱雀七宿

zhūquèqīxiù

“朱雀七宿”神化为“陵光星君”，“陵光星君”对应着“南瞻部洲”大陆，由此后者被称为“陵光大陆”。水网横斜皆在井、鬼、柳、星、张、翼、轸七片星区统辖之内，由此七位星君护持。

井木犴

jǐngmùàn

鬼金羊

guǐjīnyáng

柳土獐

liǔtǔzhāng

星日马

xīngrìmǎ

张月鹿

zhāngyuèlù

翼火蛇

yìhuǒshé

轸水蚓

zhěnshuǐyǐn

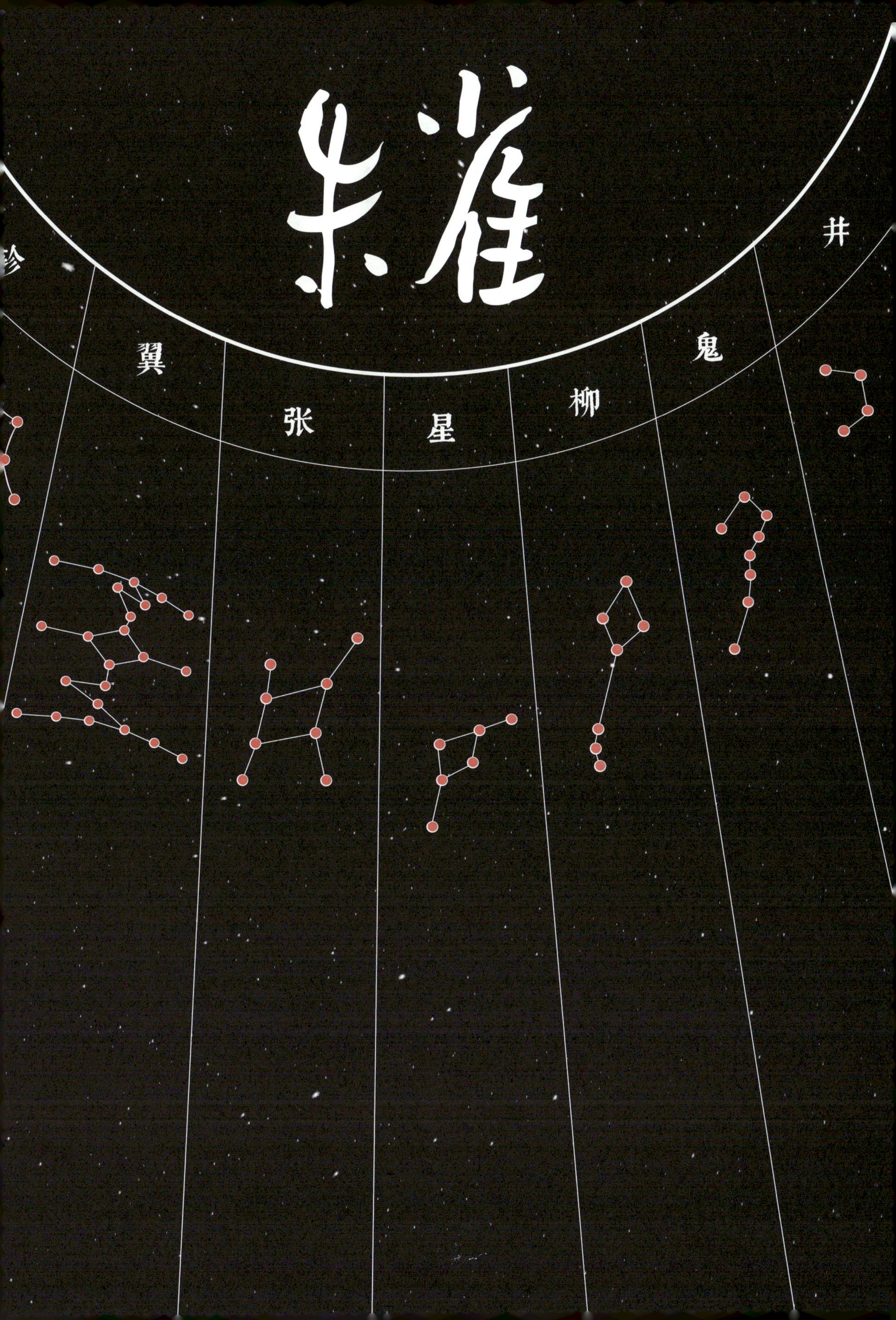

朱雀
井
鬼
柳
星
张
翼

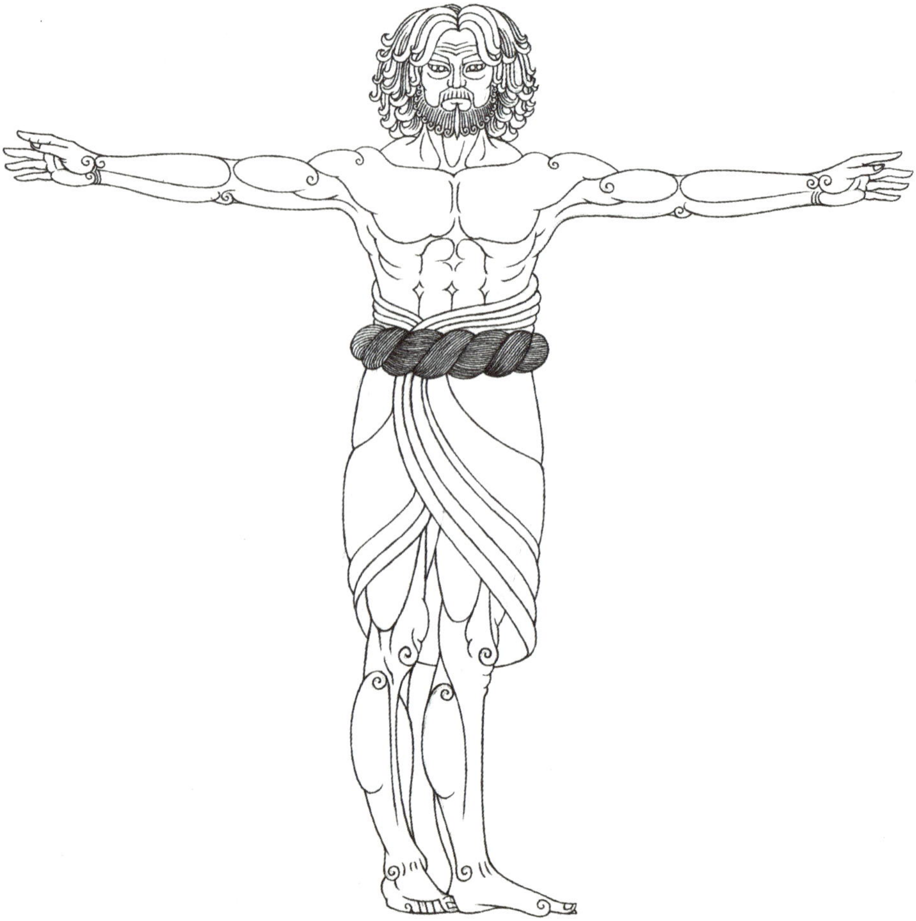

姚重华

yáochónghuá

瞽叟，也就是那个双目失明的老头儿，有子名重华（就是舜），天生异相，目有重瞳。重华为人堪称圣贤，尧帝把两个女儿都嫁给了他，长女叫娥皇，次女名女英。尧将帝位禅让给舜之后，他定国号为有虞。从此，齐七政而擢八元，典五刑而放四凶，寰宇之内，海晏河清。

然帝位作为天命之选，移时而易。一位君主执政的末期，新的君主便已悄然孕育。接替舜的，将是大禹。舜在垂暮之年，率六龙战车，举讨逆旌旗，远征南方，平定三苗之乱，不幸中途死于苍梧之野，葬身九嶷之丘。

重明鸟

chóngmíngniǎo

重明鸟，据说是重华的托身。它的两只眼睛各长着两个瞳孔，这种异相自古有之，像造字的仓颉（仓颉四目）就属此类。

唐尧的时候，南方祗支国献来神鸟。虽然不是凤凰一类，却啼声清脆，因一目双瞳，便称重明，又叫双睛。此鸟能驱鬼魅，能斗虎狼，即使羽毛脱落殆尽，也能单凭肉翅翱翔。正是：头顶九冠喻轮回，重生一世落一缨。金翎火羽烬中诞，长胫短翼立如人。及待帝星居穹顶，转作人形显化身。

01—— 轮回九冠
每重生一次，便失去一缕冠缨，重生九次后才会真正死去

02—— 三根长翎
表明并非凤属禽类

重明，重华

尧是一位长寿的帝王。他在二十岁时接下了帝位，如今已过去七十年了。

“我老了，是时候顺应天命，让出我的帝位了。”他耷拉着眼睛，缓慢地对四岳重臣说出这句话。但四岳只是诚惶诚恐地说道：“我等才德有亏，不足以登帝位。”

直到有一天，东夷献上了一只珍贵的异鸟。尧本不关心东夷的贡品，他早已过了声色犬马的年纪，甚至不打算看上一眼，便命人送去御苑。可随着一声清唳，重明鸟挣脱了牢笼，飞上大殿，飞到了尧帝的面前。

重明鸟能辟邪祟、克猛兽，即便解落羽毛，也能凭借肉翅飞翔。这样的神鸟，不是铁笼能关住的。可它却宁放弃自在翱翔的生活，千里迢迢来到国都，成为一件昂贵的礼物。进献贡品的人名叫瞽叟，他一路追进殿内，重明鸟停在他的肩头，慢慢安静下来。尧慢慢撑起身子，头向前伸，好不容易才看清——这神鸟的每个眼眶里，各有两个瞳孔。

曾有传说，巫中有能易形体者，黄金四目。重明鸟的眼睛，正像黄金铸就一般，流淌着灿烂的光华。它与尧帝遥遥相对，毫不畏惧天子的威严，缓缓地展开一对翅膀，金红相间的羽毛纷纷掉落，变成一个青年人。

“它是神鸟，也是我的儿子——重华。”瞽叟说完，恭敬地低下了头。

尧看了看粗布烂衣的重华，又望望低头的瞽叟与候在远处的四岳。

原来所谓重明鸟，是东夷的诉求。

“重华，你的来历不凡，可否一讲？”

重华缓缓道来：“我的父亲是瞽叟，祖父是桥牛，曾祖父是句望，高祖叫敬康，烈祖为穷蝉，太祖便是帝颛顼，元祖是昌意，先祖……乃是黄帝。至我已经是第九代，我还有一个名字——舜。”

尧在位七十年，问四岳谁可继帝位，四岳荐舜。尧嫁二女于舜，使舜参事二十年、摄政八年，然后禅让帝位，终年一百一十八岁。

黄熊

huángnéng

鲧是大禹之父，本为尧帝的四岳重臣之一。

尧禅位，舜继任天子，因鲧治水无功，便治他死罪，令火官吴回将鲧杀死在羽山之下，来喂驺虞，驺虞不食。历经三年，尸身仍完好不腐。吴回用刀剖开，尸身便化为黄熊，背负婴儿而出。

黄熊三足戴甲，熊首鹿角，内具鳞甲，外被毛皮，棘突七截类同龙子。它把婴孩留在羽山，就此沉入羽渊，时而浮上水面，在波浪之上翘起胡须，扭动身躯。见者呼为玄鱼，谓为河精。

01—— 生命之花图案
代表自然创生

02—— 七截棘突
类似龙的构造

黄熊

huángxióng

01—— 熊首

02—— 龙脊

03—— 龟背

04—— 羽翼

05—— 七星龙棘

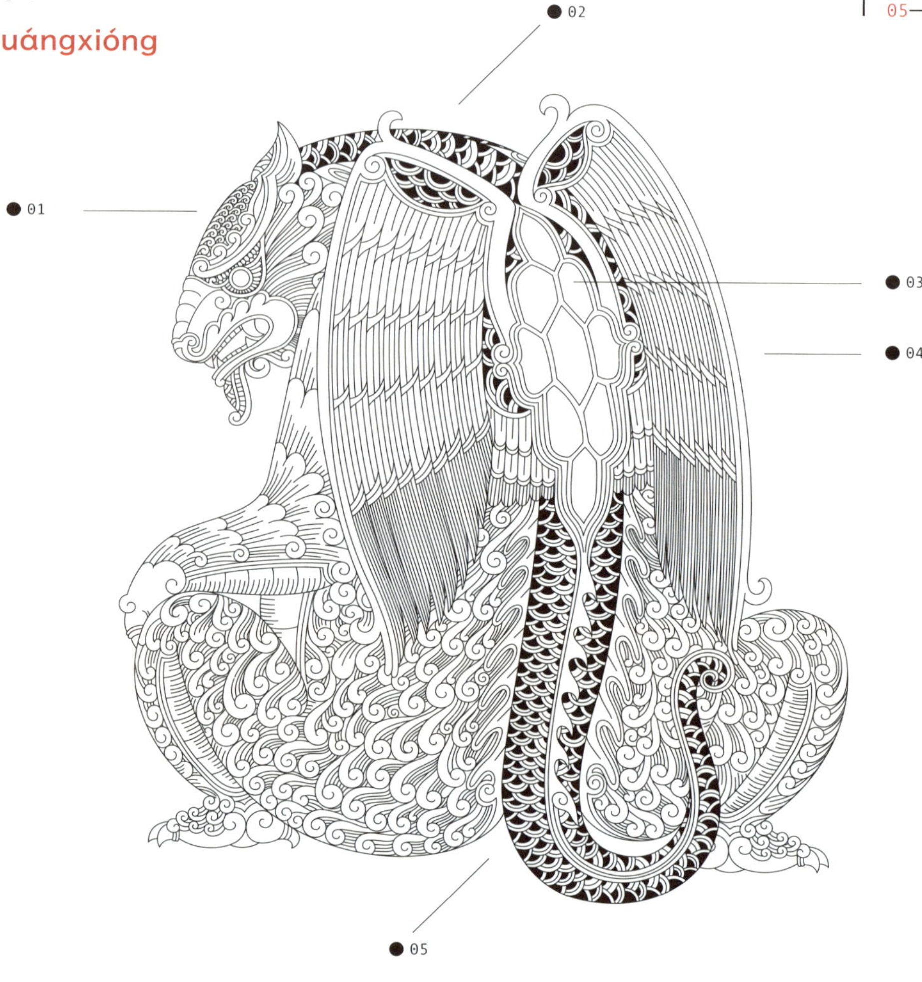

大禹承继父亲未竟的事业，广开沟渠、导引川泽，把大江大河的水灌入四方的荒海。相传有黄龙曳尾，在前面开辟水道；玄龟负泥，在后方填补山岳。禹自鲧的尸体剖出，鲧化为羽渊黄熊，禹亦有神异。

黄熊兽态，更在黄熊之上。它熊首龙脊，浑身卷毛，尾巴上覆着细鳞，背聚冥灵九甲，开逆风双翼，透骨而出七星棘，可与真龙竞高低。正是：指爪尖利能裂石，四肢雄健好担山。只身入得狂流去，劈浪分水鼎太平。

九尾狐

jiǔwěihú

南海之外有长洲，也叫青丘，遍地仙草奇花，好似九座纯青的峰峦，首尾相接，连绵起伏。青丘之国便在其中。其民均为狐属，生下来就有一条尾巴，每过五十年则增一条。至九尾时，毛色洁白至纯，能变化人形，随心幻化成男女老幼。常以美女形貌现身，以涂山为姓氏，引风招云，拜月弄光，极尽浮华。

九尾狐曾与人王之族联姻。禹过青丘，见白狐四足九尾，能驱除各种毒虫祸患，认为这是王者的征兆，于是娶了涂山氏。治水之时，涂山氏看见大禹呈现出黄熊之态，惊惧而逃，化为顽石。禹急忙喊道："还我儿子！"顽石裂开，产一婴儿，于是他就叫启。启后来建立了夏王朝。

无支祁

wúzhīqí

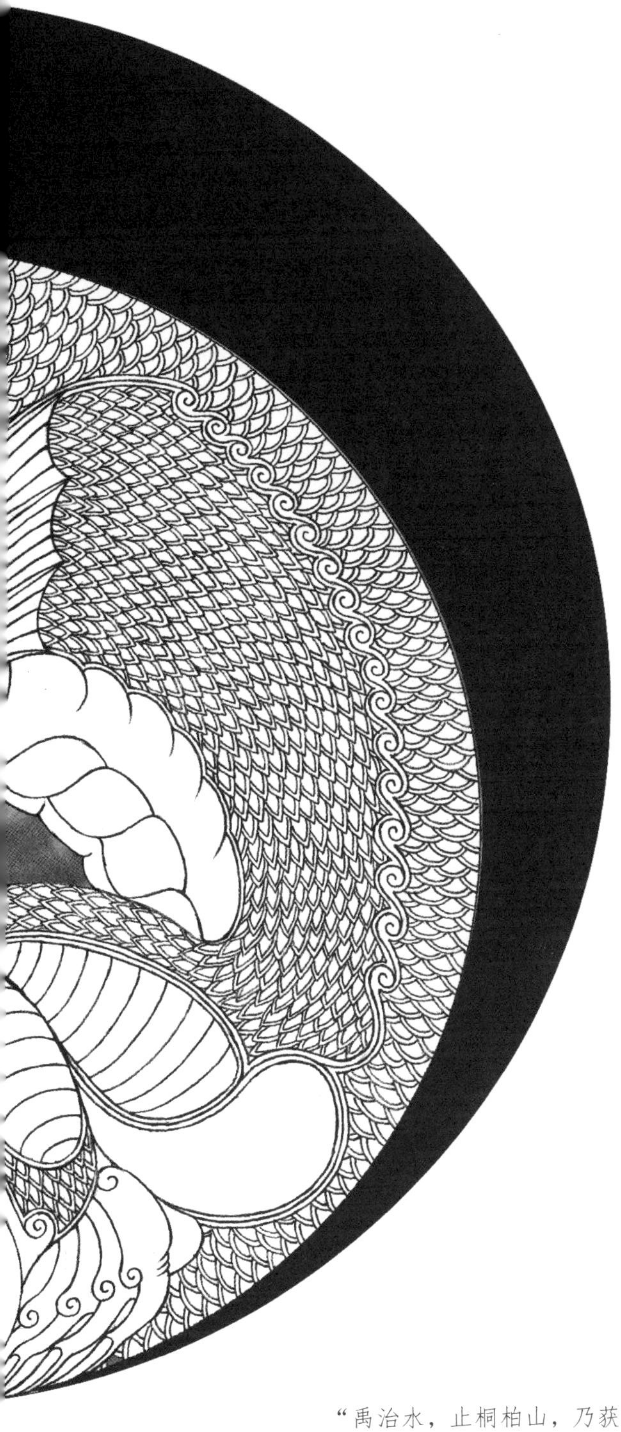

“禹治水，止桐柏山，乃获淮涡水神（名曰无支祁）。”——《太平御览》

01——冠为信

02——项为仁

03——胸为智

04——腹为义

05——背为礼

焦明

jiāomíng

焦明属南方，它长嘴蛇颈，翅膀小，羽毛疏，圆身细腿，尾巴沉重，毛翎繁而密——像一柄柄团扇相叠，花翎锦簇。帝俊作坛于东洲，用五行为献，毕方作牺牲，六角为法阵，焦明由此诞生。身有五符铭记，是为：身义，戴信，婴仁，膺智，负礼。

焦明虽属南方，但绕行五方洲陆，飞经十岛大荒，按照固定的轨迹，周而复始地飞行。它以赤极的锋锐，查探祝融的游踪。如果嗅测到诡火将无端而起，便领红霞云霓遍布青空，以示警戒。八极有灵，坎兑之位相应，必将掀起波涛，来平熄烈焰，覆盖焦土、护卫生灵。凡人不知其中缘故，所见仅有洪流突然来袭，以为是神凤降下灾殃。故曰：焦明者，见则水患滔天。

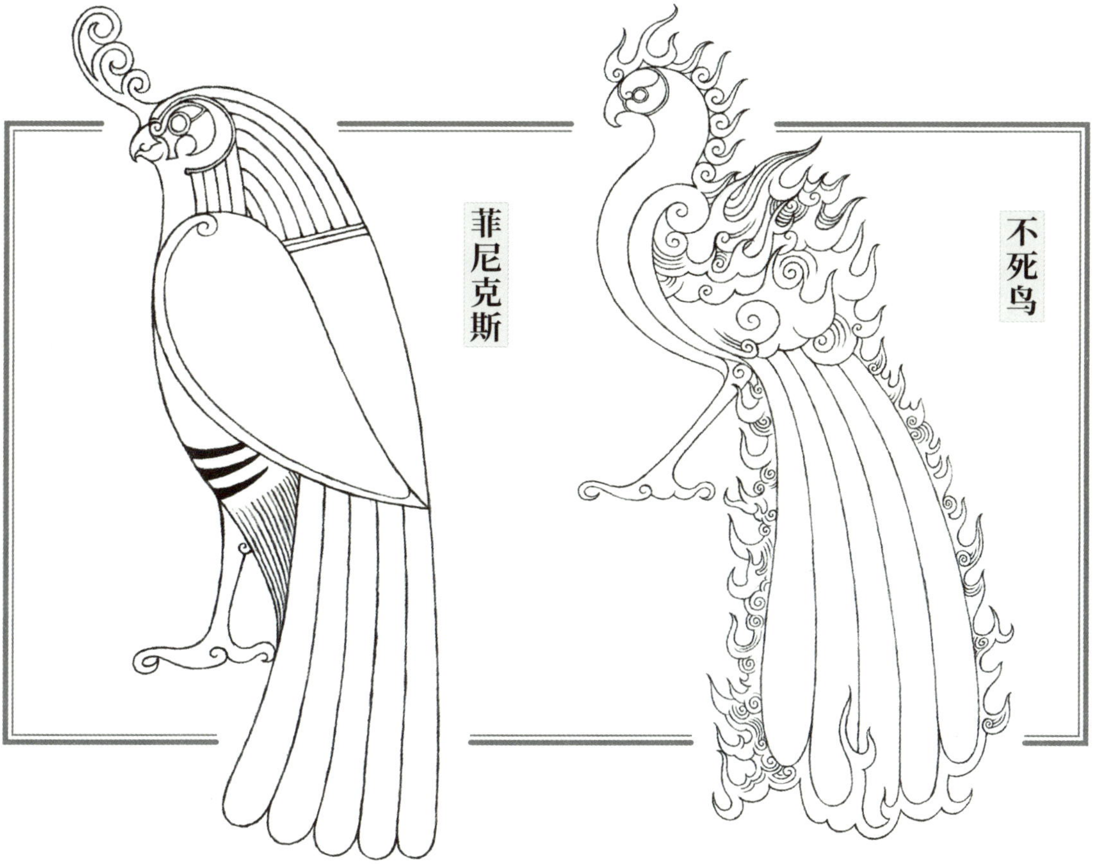

不死鸟

bùsǐniǎo

不死鸟，兴起于西土，却无故乡可寻。有人说是在金塔高立崇神之地，有人说是在众神环坐的大海之滨，也有人说是在飞天梵唱极乐之地，都有这类神鸟的身影。它的状貌形似凤皇，通身赤红，飞如闪电，停占高枝，鸣如仙乐，舞似流光。

此鸟神奇之处，在“不死”二字，为复生之鸟。每五百岁，鸟身疲累，羽毛脱落，不可飞、不能鸣，显垂死之态。这时便采集香木草叶，堆到一起点燃，不死鸟蹲踞其间，与火焰化为一体。最终灵智复苏，以幼鸟之形，在灰烬中重生归来。

与凤异种：不死鸟

凤皇和不死鸟是有区别的。

虽然都是传说中的神鸟，也同与“火焰”“重生”这样的字眼联系密切，可二者终究不是同根同源、一脉相承的。

凤皇又写作凤凰，是万禽之王。世上仅有一对，雄的称“凤”，雌的叫“凰”，它们诞生于东胜神洲帝俊的祭台之上。此后的悠长岁月中，它们便往返于四大部洲，担任天人沟通的桥梁。除了凤皇以外，帝俊还创造了四只神鸟，虽与凤皇形貌不同，却也有五根长翎，同样是凤属的仙禽。它们分别驻守四大部洲，东边的是发明，南面的是焦明，北部的叫幽昌，西部的名为鹔鹴。

而不死鸟原本名叫菲尼克斯，它从遥远的西方来，一路经过了林林总总的国家和城邦，逐渐遗失了原本的音韵。而这方大陆上的居民不认识它，见到它的模样，便误以为它也是一种凤鸟。

不死鸟形类苍鹰，颜色似火，只有五百年的寿命。它们住在棕榈树顶，用橡树的枝叶建巢，喜欢搜集香木和香草装点鸟巢、垫在身下。当寿命将尽时，就点燃这些香草，在烟雾缭绕中任大火将自己烧成灰烬。火焰终将熄灭，残余的灰堆中，新的生命如火星复燃一般诞生。

这便是不死鸟的死亡。与其说这是“不死”，倒不如看作绵延后代、接续种族的方式。如此循环往复、生生不息，既是个体的轮回，亦是族群的延续。

最绚烂壮烈的死亡，却带来了最强盛的生命力。不死鸟的故事被不断传唱、演绎，就像发源于高山的河水，不断壮大又不断分流，汇入异国他乡，滋养更多的生灵。它可以是贝努鸟（古埃及），诞生于圣树上燃起的火焰，站在高高的神柱上鸣叫；它也可以是魔神（所罗门之钥），张扬着重生的异能与不灭的灵魂，被镌刻在神庙的门前。

当不死鸟终于到达陵光大陆的世界，已经与它最初的模样相离甚远。

它的躯体不再是粗壮的鹰，头顶也没有了高耸的羽冠。它的脖颈、身体、后肢和尾羽都比从前更为纤细修长，羽毛上的红光腾腾而起，即使没到涅槃的时候，仍旧像一团熊熊燃烧的烈火。

人们无从得知，远离了故土的不死鸟是否比从前更自由逍遥。抑或它的天性便像一个游荡四方的诗人，一边吟唱着古老的歌谣，一边永不停歇地追寻太阳升起的地方。

01—— 九天冠
代表九重天

02—— 五层飞羽
形如莲瓣，代表地、水、火、风、空五大元素

03—— 五尾翎
凤属的标记

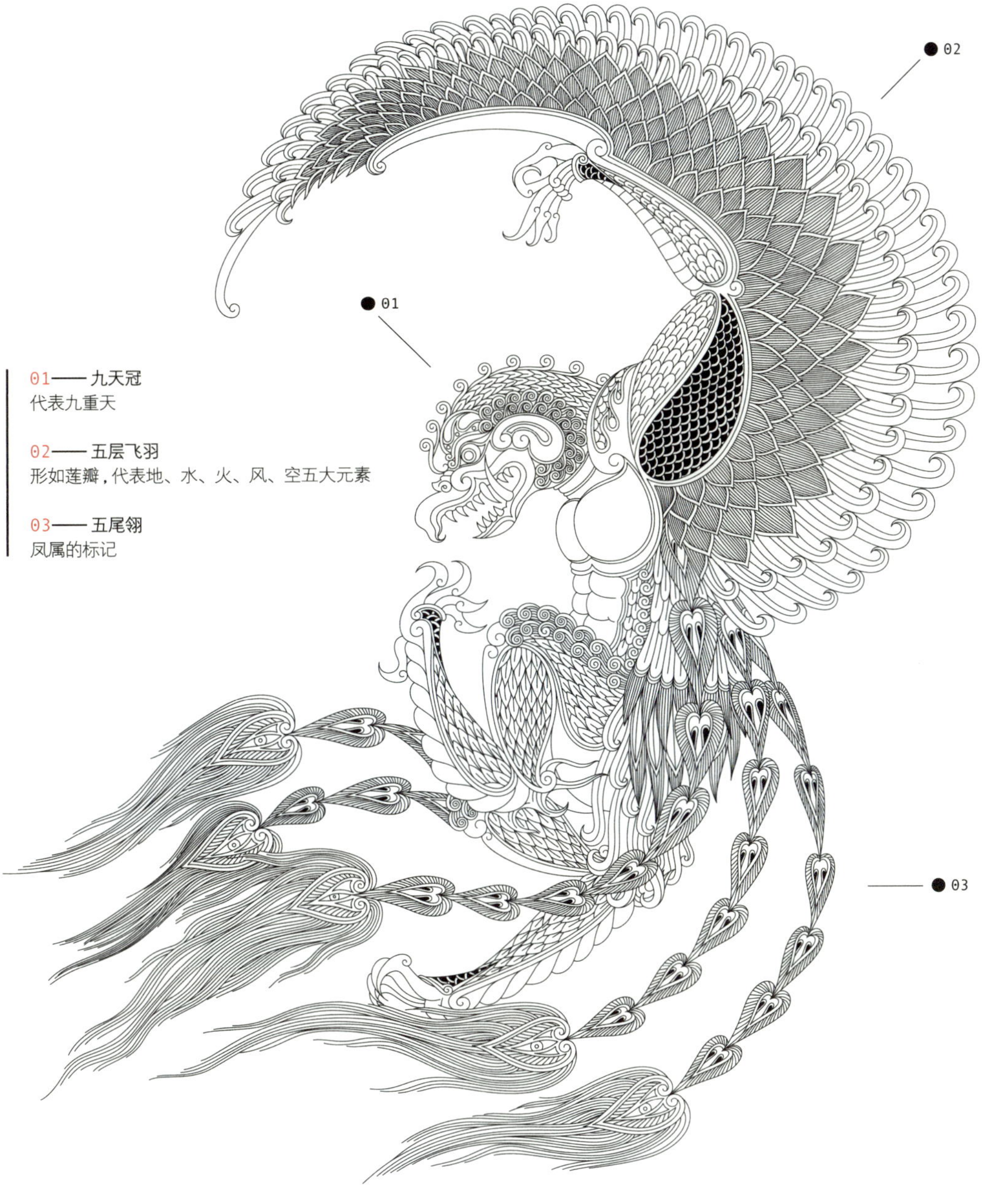

金翅大鹏

jīnchìdàpéng

龙有九子，凤生九雏，各具奇形，皆逞威能。凡凤属之鸟，尾巴上都有五根长翎，大鹏则以金色的翅膀为标记。其身形似人，头如雄鹰，顶九重肉冠；翼上有爪，巨大的翅上羽毛相叠如开千盏金莲。正是：浑如一体纯金色，心似通剔青琉璃。

金翅大鹏

说起金翅大鹏，很多人会先联想到狮驼岭上的三大王大鹏雕。它是凤凰的孩子，孔雀的幼弟，因为孔雀被尊为佛母，所以金翅大鹏的辈分甚至在如来佛祖之上。佛教的护法神八部天龙之中，它也榜上有名，叫作迦楼罗。

迦楼罗每天要吞吃上百条毒龙，这是诸佛诸天向它许下的承诺，哪怕是同为护法的龙王也无可奈何。可每当迦楼罗掠过海面时，它总不免回想起它进入佛门之前，曾有过一段自在逍遥的时光。

凤凰的后代系出名门，四海八荒任凭遨游，不仅取食无所限制，还能与上洞仙人讲经论道，结交好友。金翅大鹏原本就有些人形，干脆变化为一个道人，给自己取了一个道号——“羽翼仙”。羽翼仙常年居住蓬莱仙岛，商末之年，有位道人找上门来。

“道友请留步！”那个道人等在他洞府附近，见到羽翼仙出现，恭肃地打了一个稽首。

羽翼仙正值饱腹，心情愉悦，便没有一口吞了他，反倒略回了一礼，问道：“道兄是何名号？来此有何贵干？”

道人早有准备，鼓起唇舌：“小道之名不足挂齿，只是忧心道兄基业将倾，尚不自知。想当年玄鸟生商，商崇尚飞鸟，尤其是一众凤子，自玄鸟而起，数至鹓鶵，共九种神禽，金翅大鹏也在其中。可如今西土有反叛作兵，妄图夺取成汤天下，道友岂能坐视不理？”

这道人乃是玉虚宫弃徒，对战事的缘由一清二楚。但世上既有顺天者，便一定有逆命之人。本来游说的话就是真假掺半，见羽翼仙沉吟不语，似乎不为所动，索性信口开河起来：“那些西岐部族，原来就是山间草地上放牧的平民，与牛马为伴，如何见过高贵的神鸟。那西伯侯的军师姜子牙，直说若真有异鸟，早该拔羽抽筋，炖汤吃肉，才算有点用处。”

羽翼仙这才暴怒。凡人出言不逊倒还可恕，但存了捕杀神鸟的念头，将来必引祸患。既然是他们自找的，羽翼仙倒也不介意略施惩处。于是他甩下了道人，径自往西岐飞去。谁知这一去便失却了归途。

那伽

nàjiā

那伽即为龙众，位列八部护法，常盘绕在须弥座下。刚出生时蛇身无角，头顶生有羽冠，以地、水、火、风为簪缨，眼似明珠牙如锥，周身更具千层鳞甲。龙众遍布江河水府，以头的数目作为等级之别。三首者铭于时历——过去、现在、未来；五首者昭于元素——地、水、火、风、空；七首作乐神摩睺罗伽；九首则成龙王，意无限而化无穷。

01——羽冠

02——簪缨
有地、水、火、风的元素差异

徵龙

zhǐlóng

五方山川有异、风物不同，龙禽形貌亦有参差。

南海真龙，与五音中的“徵”音相配。敖闰为首领（《西游记》），率众留驻陵光海域，临近南瞻人界。它的形状和东海龙族不同，特别是龙角所生的位置，在额顶及颔下，两角相背而长。虽具龙形，然颈项以下，尚未蜕尽龙子蚣蝮之甲壳，身带两种鳞甲背棘，骨节合阴阳之数，背棘也合北斗之形。

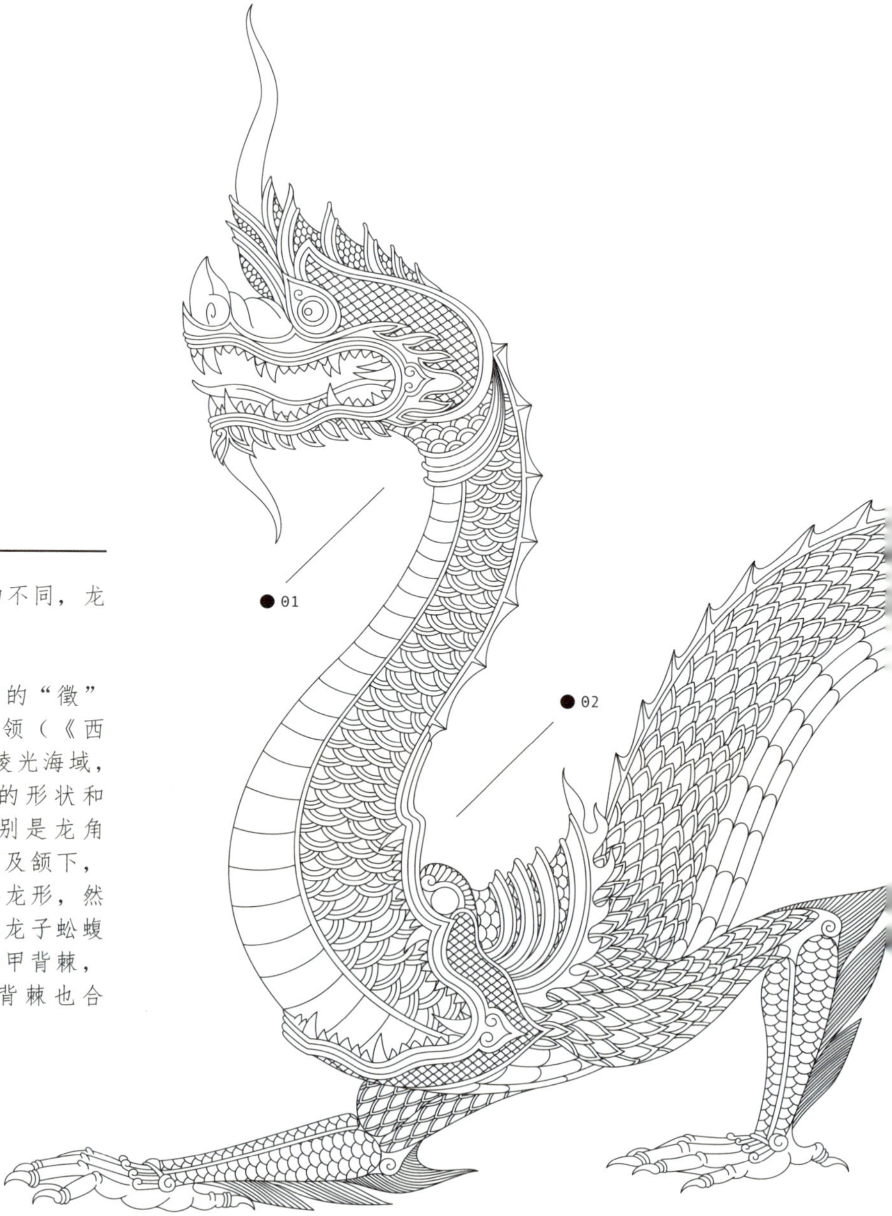

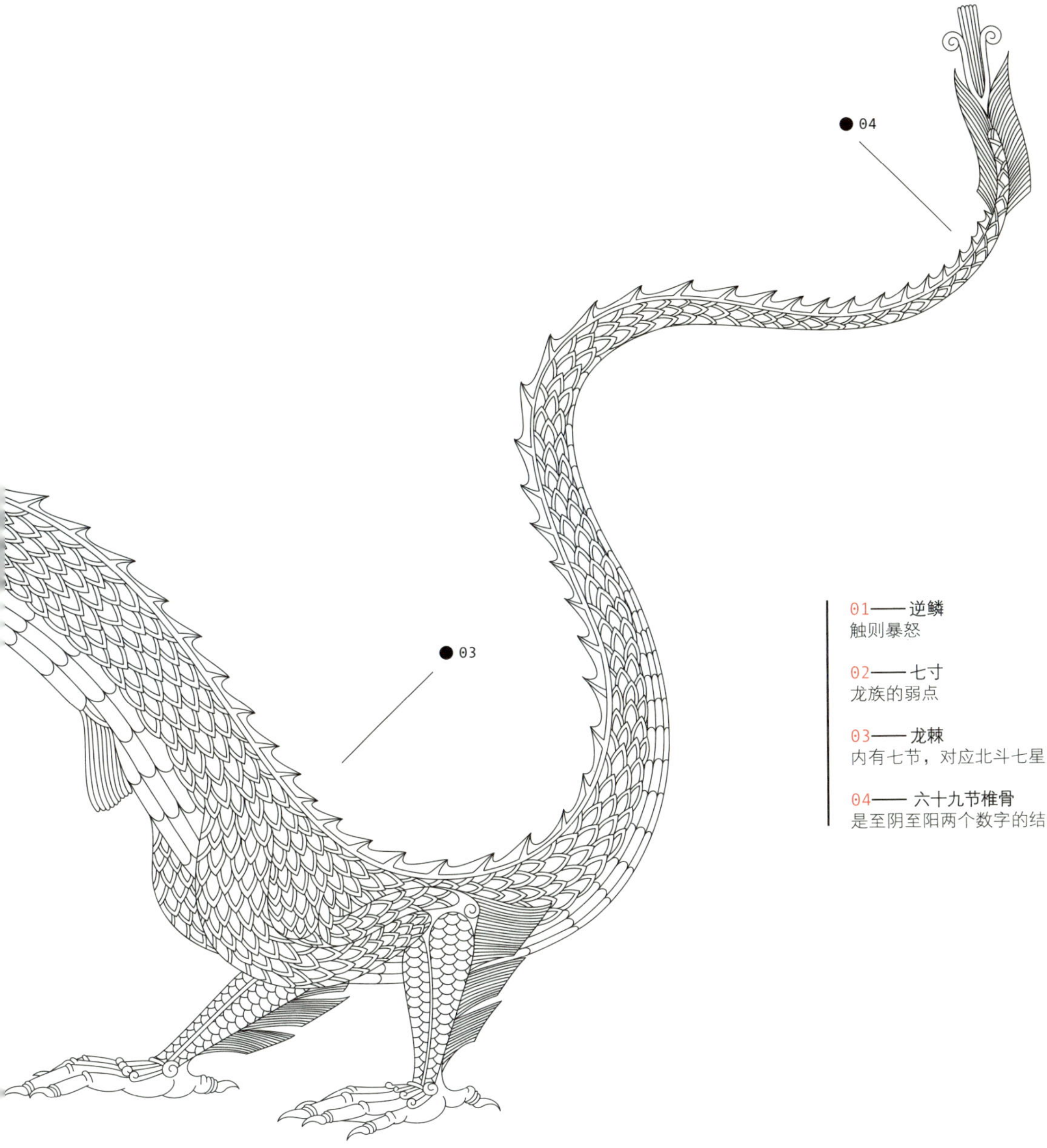

01—— 逆鳞
触则暴怒

02—— 七寸
龙族的弱点

03—— 龙棘
内有七节，对应北斗七星

04—— 六十九节椎骨
是至阴至阳两个数字的结合

青狮

qīngshī

遥远的南境有山名“祷过”，浪水就从那里发源，水中有怪鱼，名叫虎蛟。它有狮子的头、蛇的尾，鱼鳍如爪，常常顺流而下寻找龙门。若跃过龙门，便生七星棘；失败者则洄游到诞生的地方，蜕去鳞片登岸。其身壮硕，颈部覆有鬃鬣，五爪尖锐、骨骼凸出，尾巴上还带有未曾蜕去的蛇鳞。常人便称它“青狮”。

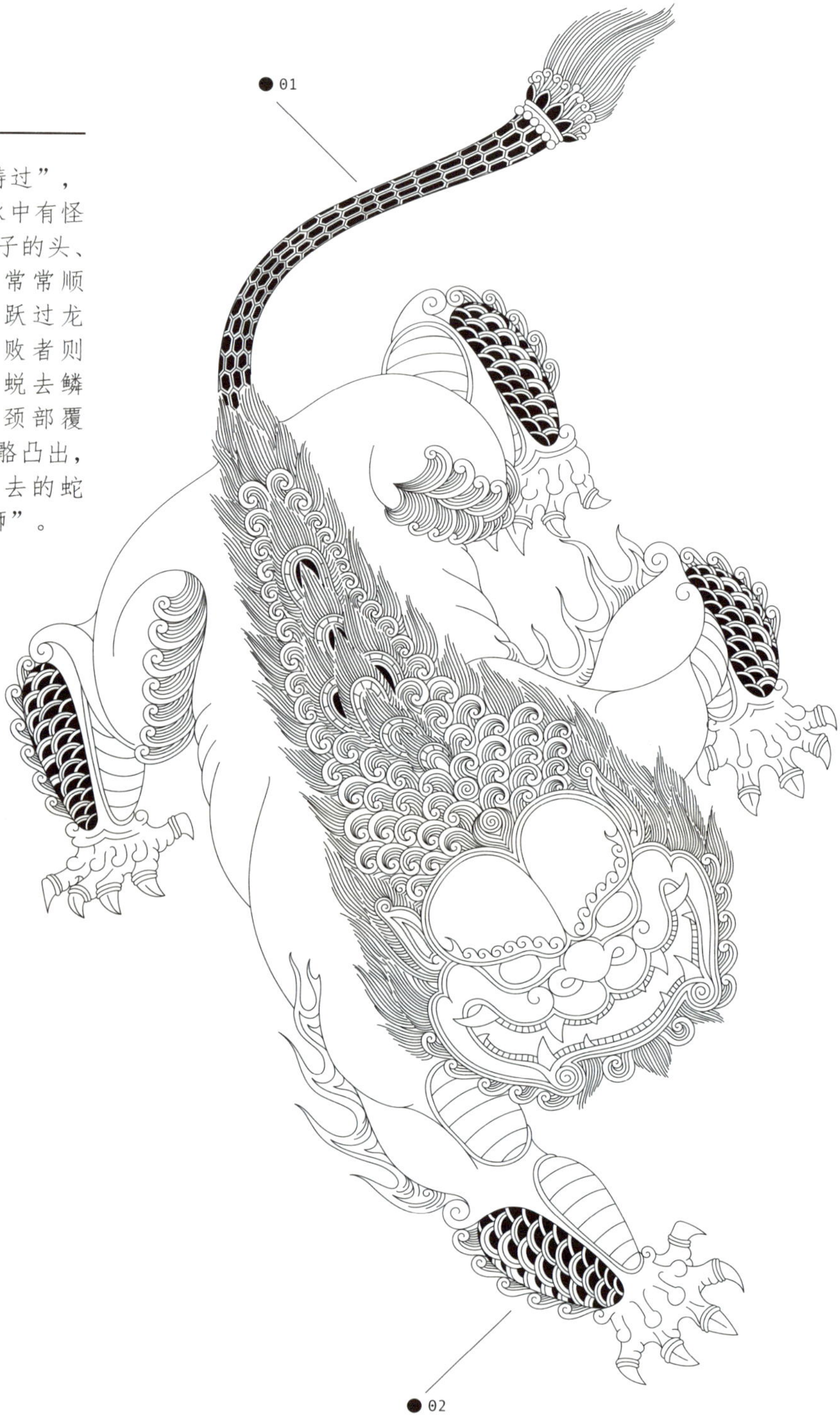

01——蛇鳞在尾，尚未蜕去

02——四肢有鳞，幼态残留

狻猊

suānní

同样由虎蛟变化而来，狻猊的身形近似青狮，四肢和尾端之鳞与青狮别无二致；头颅和血口与青狮亦出同源。然狻猊已有龙形，七星之棘穿透背脊，浑身覆满龙鳞，头上双角尚存幼态，胁下双翼紧贴在背。

狻猊性好烟火，常伏莲座下听经闻道，故而佛堂所供香炉金座多以狻猊为饰。其身摇头摆尾，四肢头尾六端带火，两翅左风右雷，以木生火之势，可引六丁神火，护持十方世界。

01—— 鬃毛似猪
为丁亥

02—— 前肢侧饰牛羊角
为丁丑、丁未

03—— 后肢侧饰兔毛鸡羽
为丁卯、丁酉

04—— 尾部蛇鳞
为丁巳

05—— 七星棘
龙子标记

化龙

虎蛟跃龙门成功，则变成狻猊。
狻猊继续修炼，成为真龙。
若狻猊龙脊断裂，则化为青狮。

搅拌乳海

佛教发源于印度，东汉时期传入中国，经历千年的发展，对中国的传统文化产生了不可忽视的影响。佛教之中，有天龙八部众，乃是“人”与“非人”，是护法的众生，他们的故事脱胎于印度的古代神话。

在印度，有三位至高的神：创造神“梵天”，毁灭神“湿婆”，守护神“毗湿奴”。另外又有众多其他神族，如住在天界、掌管自然力量的提婆神族，也就是“天众”；司职道德、社会、惩罚、暴力的阿修罗神族，即“阿修罗众”；有着蛇一般身躯的那伽神族，即“龙众”。其中提婆神族最为尊贵。

“搅拌乳海”这个故事就是关于天众、龙众与阿修罗众的。

提婆神族的王因陀罗，惹怒了毁灭神湿婆。湿婆降下诅咒，令永生的神族失去法力，经历生老病死，最终整个世界将归于毁灭。恐慌在神族中爆发，为了平息争端，守护神毗湿奴指引众神合作搅动乳海，寻找能够解除诅咒的不死甘露。

乳海如宇宙般宽广，想要搅动乳海，必得以众神居住的须陀山作为搅杵，毗湿奴化身巨龟作为背负搅杵的底座，那伽王婆苏吉把身体缠绕在须弥山上作为搅绳。八十八个提婆神族与九十二个阿修罗站在海岸两端，拉住婆苏吉的尾与头，轮流用力，须陀山就旋转起来，把乳海搅得天翻地覆。

就这样搅动了一千年。

随着乳海的翻腾，神兽、宝物和天女纷纷飞出，眼看就要大功告成。可这时那伽王婆苏吉终于忍受不了疼痛和眩晕，张口吐出了大量毒液，污染了纯净的乳海。幸亏湿婆及时出手，吞掉了所有毒素，然而他的喉咙被灼成了青紫色。

在众神的努力下，不死甘露终于浮出水面，就在靠近阿修罗的海域。阿修罗们想要独吞，却被毗湿奴变出的无数美艳舞女摄住了心神，提婆神族乘机夺走了甘露。有个叫罗睺的阿修罗还保持着清醒，他混在提婆神族中，偷喝了一口甘露，但被日神和月神发现。毗湿奴便斩下了他的头颅。由于罗睺来不及咽下甘露，只有咽喉以上的头颅获得了永生。此后的岁月里，他一直追着日神和月神复仇，把日月吞入口中，但随即又从颈下漏出来，这便是日食与月食。罗睺也因此被称为日月食的预兆“飞星”。

这一场调动了三界诸神的壮举，最终却以提婆神与阿修罗之间结怨、那伽族神力衰竭而收场。

01—— 兔牙

02—— 犬耳

03—— 鹿角

04—— 狮鬃

05—— 蛇颈

06—— 鹰爪

07—— 虎爪

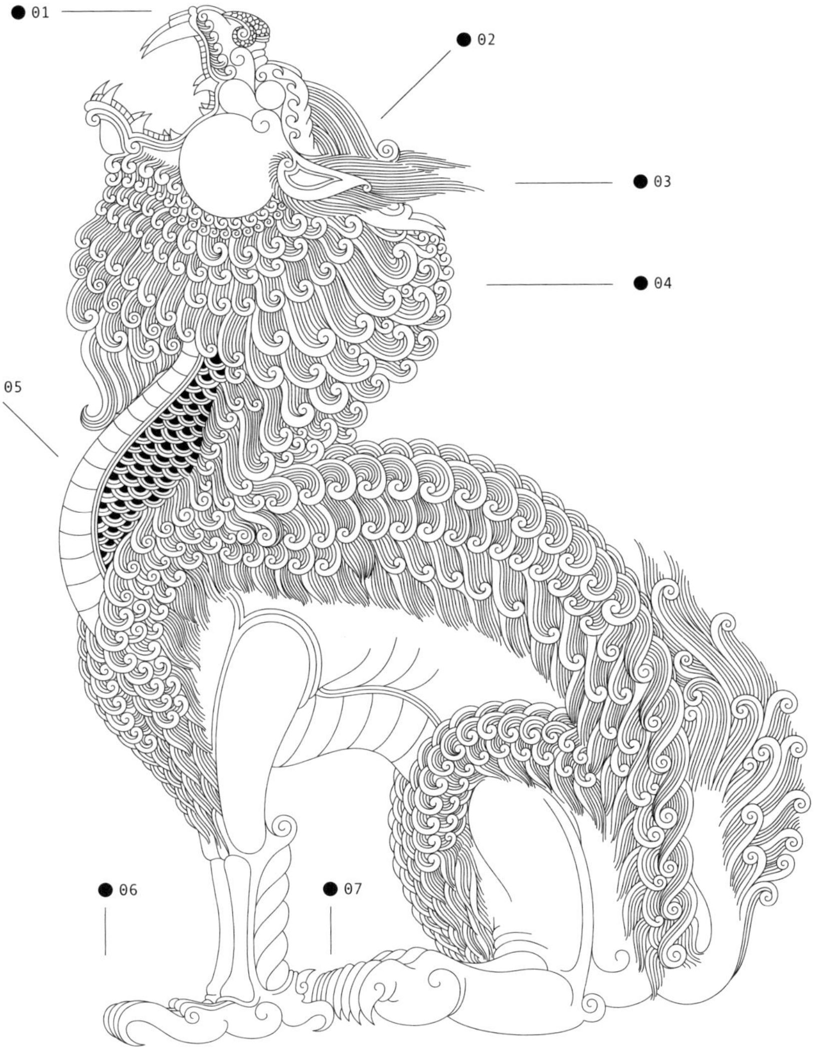

犼

hǒu

举世无双金毛犼，狮鬃蛇颈骆驼头。犬耳鹿角有兔齿，前为鹰爪后如虎。犼的性情凶猛，虽然身形羸小，却有通天彻地的能耐：与二龙三蛟打斗，潜到海下相追，飞到天上互逐，鏖战三日三夜，终不退却。它的声音洪亮，如雷霆震彻，霹雳动荡，牛羊百物听见，就会惊惧奔走，很久才能安定下来；虎狼猛兽听到，也要伏地战栗。因其性好蹲踞高处，望天而吼，直冲云霄晃动斗牛，由此得名“望天吼”。犼曾拜入碧游宫通天教主座下，号曰“金光仙”。后来失落万仙阵中，被慈航道人收服，伏化原形，成了坐骑。

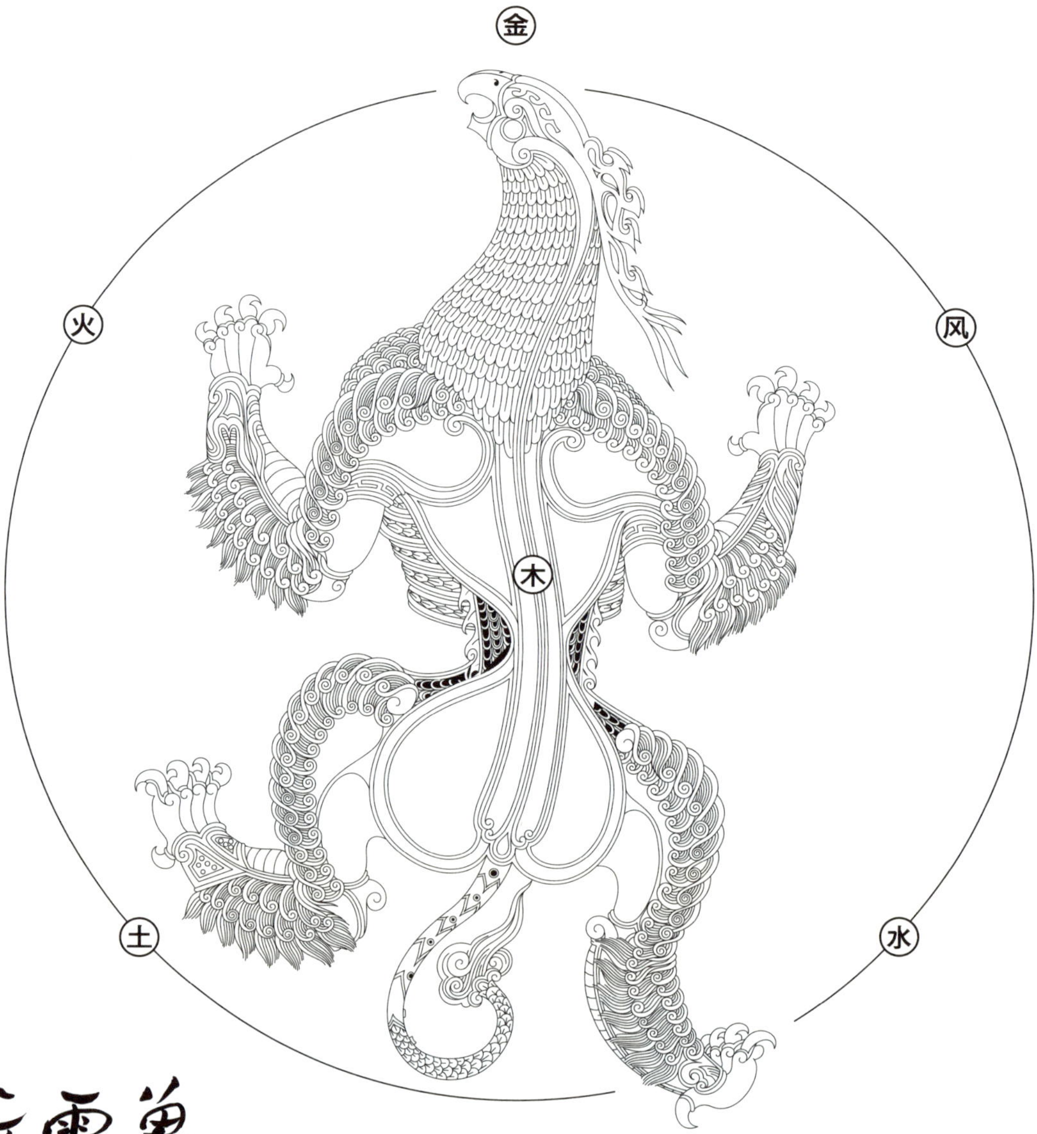

云霞兽

yúnxiáshòu

世间异兽千奇百怪，天然造就诸多神秀。更有一类，不得先天眷顾，却集世上奇珍异宝、神咒灵符于一身，云霞兽便是其一。道德天尊曾将云霞兽赠予门下弟子，以为坐骑。

正是：骨为铜铸澄黄色，龙筋在内作钩锁。鹰头狮身叠鹿角，五行法阵绕周身。尾拖七孔出云气，霓霞彩氛托足肢。雨来风去浑不惧，千古未销榜上名。

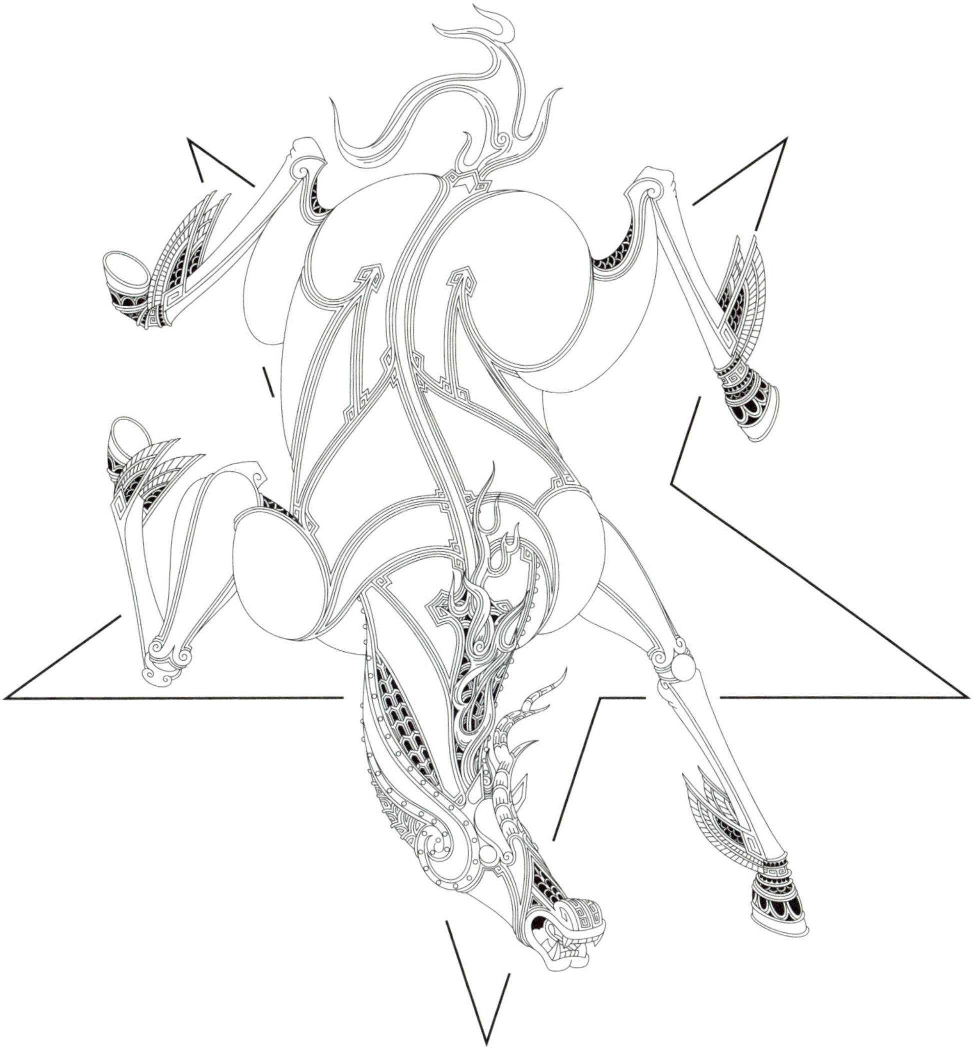

独角乌烟兽

dújiǎowūyānshòu

独角乌烟兽为“七杀星”张奎的坐骑，其快如神，头顶有独角，独角又分三叉。躯体如骏马，跑起来四足生风。又有铜皮铁骨，浑身漆黑如墨。血脉汩汩，供应着燃烧的原油，腹部为灶膛，尾部喷火，全身錾刻火符咒文。

正是：虽无皮毛有神骏，独角乌烟逞威名。曾守渑池阻周军，张奎横刀立城门。拨马疆场怀杀气，一道乌烟斩五岳。虽有战功声名赫，却无天命祝威风。张奎不识替身法，杨戬定计杀神驹。

狰狞

zhēngníng

章莪之山，其上有兽，名叫狰。此兽形如赤豹却生独角，四只脚、五条尾巴，与狞共生。

狞作为狰的半身，来历成谜。

狰狞并称时，则指雌雄同体之兽，身体交相纠缠，扭曲恐怖，又带有赤色斑纹，形成阵图，待后人解读。

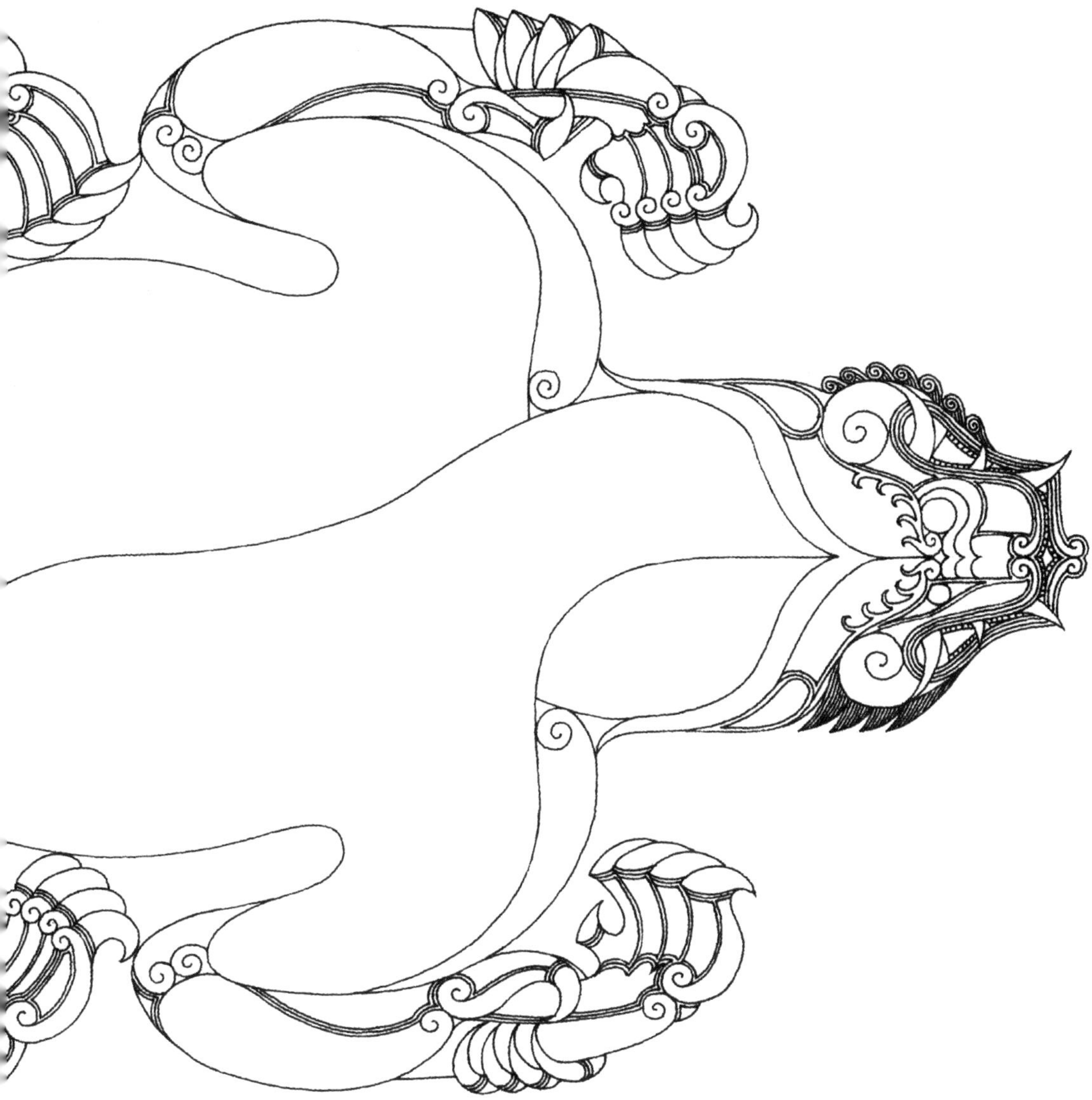

01——火冠九朵

02——心昧
在三昧真火中为上昧

03——三根尾羽
表示并非凤属

04——连理枝
意为木精

毕方

bìfāng

章莪之山，有鸟名毕方。身形如鹤，却只有一条腿，身上带有赤色的纹理，双翼相对，组成离卦的样子。当它引颈鸣叫时，声如其名，所经过的地方，会无来由燃起大火。

其缘木而生，足如连理，枝叶相缠。树木中最长寿的，非大椿莫属。它以八千岁为春、八千岁为秋，通天彻地，堪称神木之首。毕方的足骨，正是大椿的木质。在足骨之上，尽染赤色。顶戴九冠，是为至阳之数；胸怀三昧，以心昧真火为上。飞羽共有六层，合于六丁。拖曳三尾在后，与翼交辉。

讙兜

huāndōu

讙兜本是尧帝朝堂四岳之一，官居司徒之位。但舜帝继位之后，贬谪四罪，罚往边疆。讙兜便在其中，举族流放至崇山一带。

为了让人人知晓讙兜的罪孽，舜帝下令，将全族男女封印入蛮蛮鸟的躯壳。蛮蛮鸟亦称比翼鸟，其状人面鸟身，两翼不等，女则留有长发，右翼完备，左翼萎缩；男则头生短羽，左翼如常，右翼短小。需要男女相扶，方能飞翔。

其封印状如黥纹，如龟背，似龙文，男为黑，女为白。

比翼为囚

世人常说，在天愿作比翼鸟。

比翼鸟并非本名，而是“蛮蛮”。相传蛮蛮鸟“相得乃飞”，就是必须一雄一雌紧靠在一起，共用一对翅膀才能飞翔。因为蛮蛮鸟天生畸形，双翅长短不一，雄性右翅短小，雌性则左翼萎缩，即使勉强扑棱起来，也难以持久。于是，蛮蛮鸟总是成对出现，既是相互依恋的情侣，也是相互扶持的生存伙伴。

驩兜曾经取笑过蛮蛮鸟的体态。失去伴侣的蛮蛮鸟只能一生困在陆地上，再怎么奋力振翅，天空仍旧可望而不可即。但驩兜没有想到的是，自己也会有如此困顿无助的时刻。如今，驩兜孤身站在江边，歪斜着身子，夹着细弱的右翼，拖着累赘的左翼，伸着长脚，梗着脖子，费力地打捞江中游鱼。冰冷的江水打湿了层层的羽毛，羽毛紧贴在皮肤上，在凛冽的江风中几乎要结出一层薄霜。天色渐渐暗了，只留一片模糊而鲜艳的日影在水面上。

想当年，驩兜也曾站在金碧辉煌的朝堂上，也曾站在高台上俯视千军万马。那时他的名字还不是驩兜，而是丹朱。他是尧帝的长子，早有贤德的名声。群臣称他为“开明”，甚至在尧尚未有禅位之意的时候，就已经把“帝”字冠在了丹朱的名号前面。

但他始料未及，东夷不再偏安一隅。在失去了风神飞廉和雨师屏翳的庇佑之后，东夷便陷入混乱，凿齿、大风等劲敌纷纷登场。人民奋力抵抗，从未有一刻的松懈。历经磨难击败凿齿战士和凶禽大风，东夷的领地终于迎来久违的平静。以飞鸟文臂的族人们开始将目光投向中土，他们不甘只作一道护卫屏障，而要成为竞逐天下的主人。

重明鸟的化身——舜，就是东夷族势力的代表。随着舜的名声越来越响亮、地位越来越高，丹朱的危机感就与日俱增。当舜娶了丹朱的两个妹妹，成为尧帝最青睐的接班人时，丹朱想到：不能再旁观下去了。

史书记载，丹朱勾结南方的九黎残部发动政变，意图夺取帝位。事败之后，尧帝不愿惩处自己的长子，及至舜帝继位，便将丹朱贬为罪囚，流放到千里以外的崇山。丹朱的名字也被褫夺，换成了驩兜。驩兜、讙兜、欢兜、灌头，无论何种写法，所指的仍旧是这个狼子野心的篡权者、可悲的失败者。而那些追随丹朱的战士，包括丹朱本人在内，全部被封印在了蛮蛮鸟的躯体之中，虽然还有人的面孔，却再也不能以人的姿态生活了。

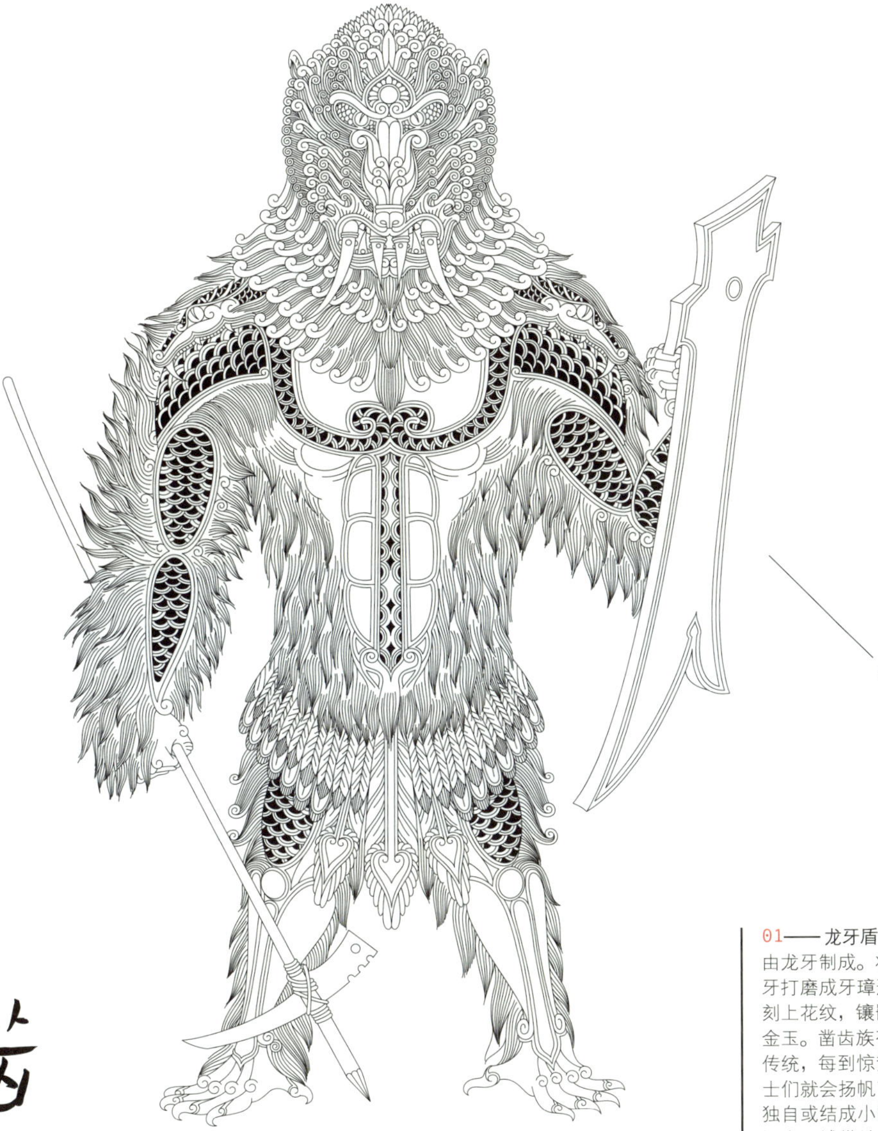

01——龙牙盾

由龙牙制成。将整颗龙牙打磨成牙璋形状，并刻上花纹，镶嵌皮革和金玉。凿齿族有猎龙的传统，每到惊蛰时，战士们就会扬帆下海，或独自或结成小队，进入深海区域猎杀龙类，往往都能满载而归。

凿齿

záochǐ

凿齿一族形如猿人，浑身浓密长毛，臂长而腿短，面目近似山魈。其人好战，屠戮东夷各部及海境真龙，以献祭火神祝融。传说在常羊山战败的刑天与凿齿之族有血脉关联——凿齿战士胸口之下，有肉瘤似眼，就是未睁开或已退化的刑天之目，昭示着此族与刑天的联系。

其族风俗奇异。成年之时，敲落原生牙齿，换上猛兽獠牙。更剥蛇皮做软甲，磨牙璋为盾，琢龙牙为戈，骁勇善战，奋力不退。曾征东夷十二部，披靡长洲，至寿华之野被羿击败。凿齿首领血染疆场，只留小股残兵逃出生路，回到了南海中的小岛融天之山。

修蛇

xiūshé

“尧乃使羿断修蛇于洞庭。”
——《淮南子·本经训》

明堂

míngtáng

中土大陆，是一片全然未知的地方。

螣蛇

téngshé

螣蛇在天为星宿，尾迹赤黄如明烛之光，头顶有角，口出利齿，七寸之处生有羽翼。其翼背为素鳞，由细鳞过渡成飞羽。羽如轻纱，袅若薄雾，翕张而展，片片分明。

《说苑·杂言》有云："螣蛇游于雾露，乘于风雨而行，非千里不止。"然而一旦云散雾霁，便如尘泥之中的虫蚁，失却神力。

古星图

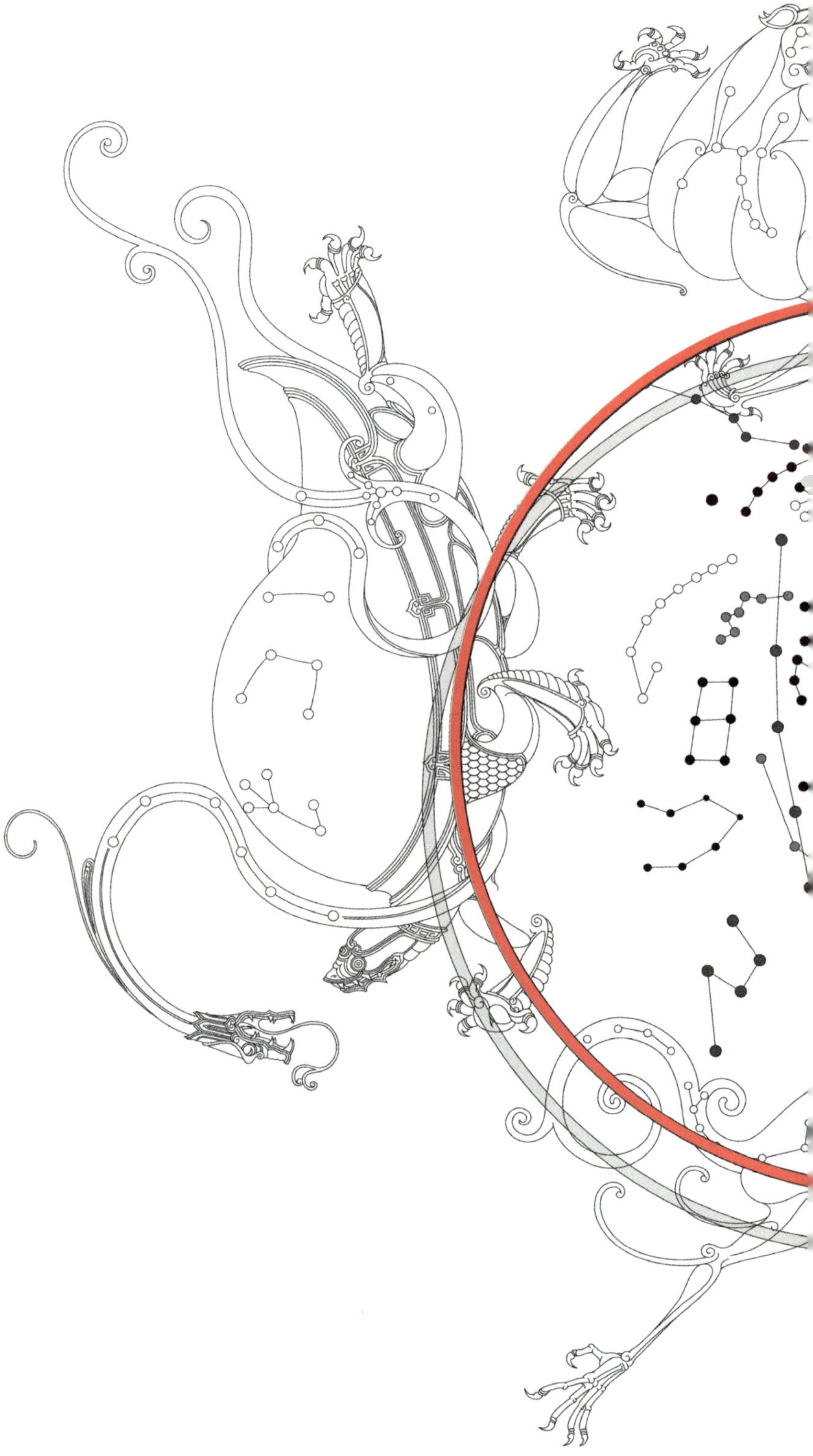

中元北极紫微宫，
北辰永耀坐其中。
左辅右弼开天路，
天斗暗旋指三公。

玄武镇北九幽定，
朱雀煊煊翼带风。
白虎秋霜欺青龙，
四象无形认星踪。

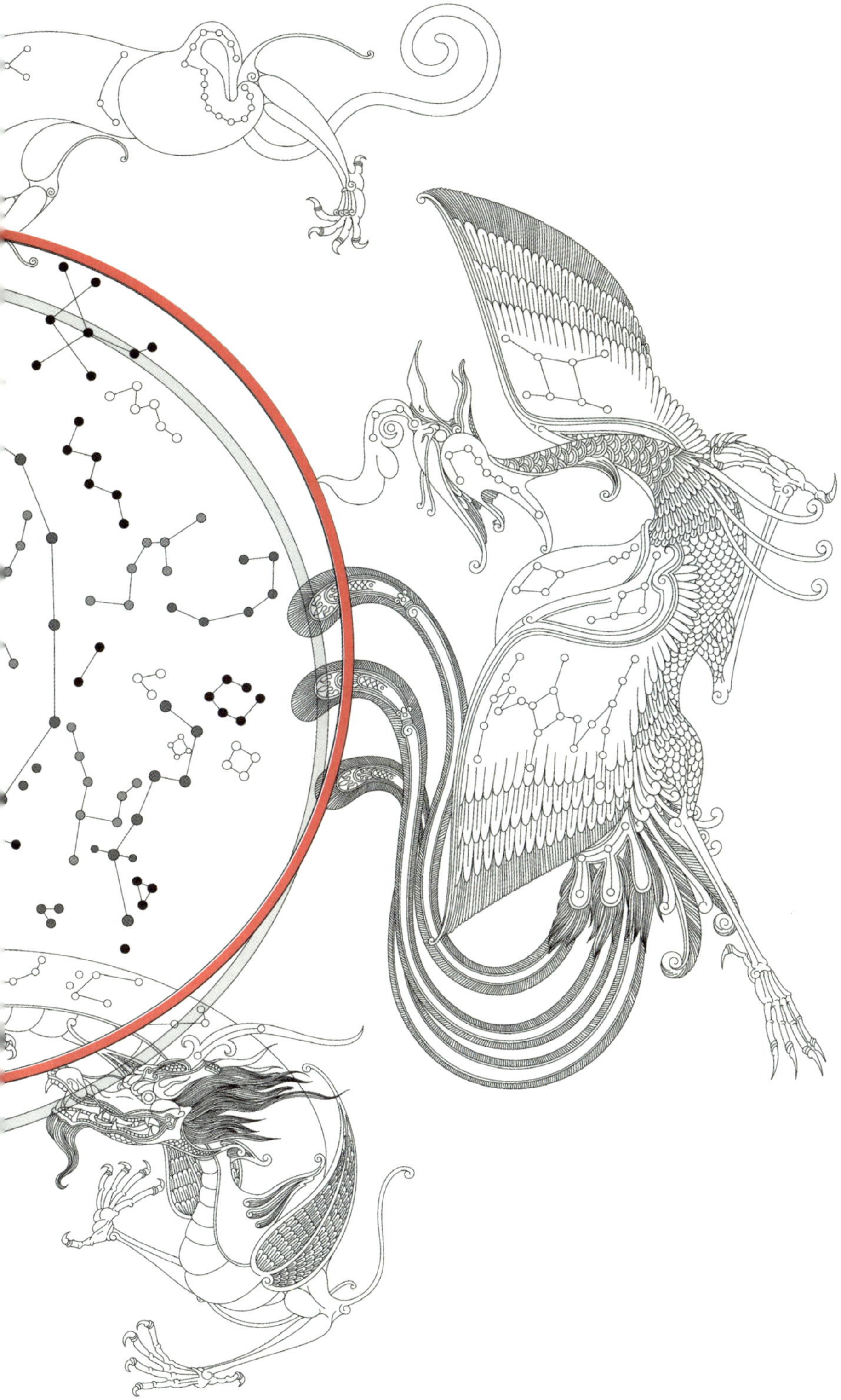

赑屃

bìxì

龙生九子，赑屃为首，也称“霸下”。头如虬龙无角，身似玄龟负壳。背甲之上如峰峦聚起七节骨突，便是龙族的七星背棘。

赑屃性情温和，只是遨游海中时喜好背负岛屿，相互追逐嬉戏，掀起接天浪涛，导致洪水漫溢，吞没沿海的房屋村寨。除此以外，不见赑屃有其他为祸之处。其力大无穷，曾在前线运送军粮兵器，甚至造山川、开河道，因此功劳簿上提名的首冠巨灵就是赑屃。

四海龙王受封之后，龙子族裔也得到庇佑。赑屃一类，常在神佛座下驮碑顶柱，以表四极稳固、八荒靖平之意。

旋龟

xuánguī

龟背同于赑屃
鹰头隼目鳞爪
《南山经》里题名
所潜水曰宪翼

龙龟

lóngguī

《北山经》有泰泽
龙龟出于其间
头似赑屃长角
亦可镇御神道

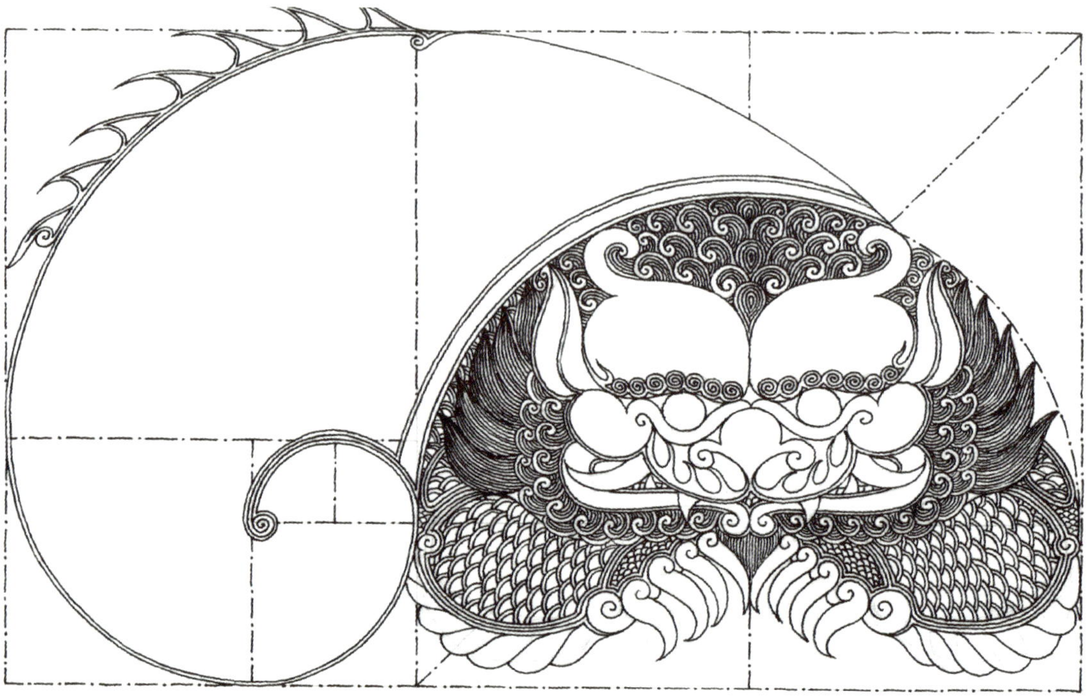

椒图

jiāotú

龙生九子，椒图排行末尾。传说之中，椒图与海市蜃楼之“蜃”（见一七二页）同属戴甲神兽。椒图背着螺壳潜在泥沙之中，它性情怯懦谨小，不敢与海中游龙为伍，除捕食以外，绝不露头。因其天性适宜坚守，凡人常用它来装饰门环鼓丁，以驱除阴邪、剪灭灾厄、永固门庭。

蛇和鸟，龙与凤

自古以来，就有两种图腾信仰互相对立：一种是纤长蜿蜒的蛇类，一种是凶猛带翅的飞禽。

最初，大地上生活着不同的部族。秉持着“万物有灵”的信念，每个部族都有着不同的信仰，并用不同的生物作为自己的图腾，以此进行祭祀、庆典、战斗，甚至是联姻。这些生物与他们的生活息息相关，比如牛羊猪狗、花鸟虫鱼。小部落相互联合，成为大部族，众多的图腾就会慢慢同化成一个；而大部落也可能分裂成多个小部族，那么原先的单一图腾也会渐渐被许多花样繁复的图腾所取代。

黄帝的部族最初以蛇为图腾。作为八极天柱的主神之一，黄帝代表着大地的力量，蛇紧贴着地面，又是原初三大主神伏羲、女娲、烛阴的半身，两者的神性十分契合。

在黄帝的带领下，他的部族南征北战，战胜了很多其他部族。这些部族归顺了黄帝，壮大了他的队伍。于是他将战败部族图腾中的一部分附加到蛇图腾上，以示同心同德、同声同气。就这样，蛇慢慢地添上了胡须、长角、背棘、鬃毛等，图腾的形象逐渐脱离了原本的“蛇”，而成为一种新的神物——龙。

在东海之畔，有一个以禽鸟为图腾的部族，被称作东夷族。东夷族的信仰和黄帝部族的截然不同。东夷的先祖是日月之父帝俊，东方又是风神飞廉的领地，故最初东夷族以风神为图腾。而自然界中最近似飞廉的生灵便是飞鸟，因此东夷族崇尚鸟类，鸟类代表了光明与风暴两种力量。自五方神凤从帝俊的祭台上诞生之后，这两种力量便具象化为同一种生物，那就是万禽之王——凤皇。

这两种信仰并非对立，却一直在争夺帝位与天命。黄帝部族曾击败炎帝与蚩尤，成为最初的天下共主。帝位传至高辛，天上飞降玄鸟，为其妃简狄带来了天命之子。传到尧时，东夷族献上重明鸟，化为人形，便是帝舜。此时帝位第一次转移到了凤鸟信仰的部族之中。后来大禹继位，再次将王权夺回龙图腾部族的手上，并开启了夏王朝。可惜不过三代，东土的夷羿率军将夏君太康轰出了王城。太康失位之后，过了许多年，才由少康奋起抗争，消灭了夷羿，重新建立夏朝。

夏至桀时亡国，灭夏的是商，正是那位因玄鸟而降生的王子的后代。灭商者是周，周同样是黄帝的后代。灭周的又是秦，如商朝一般，女修吞下燕卵，生下了秦的祖先。

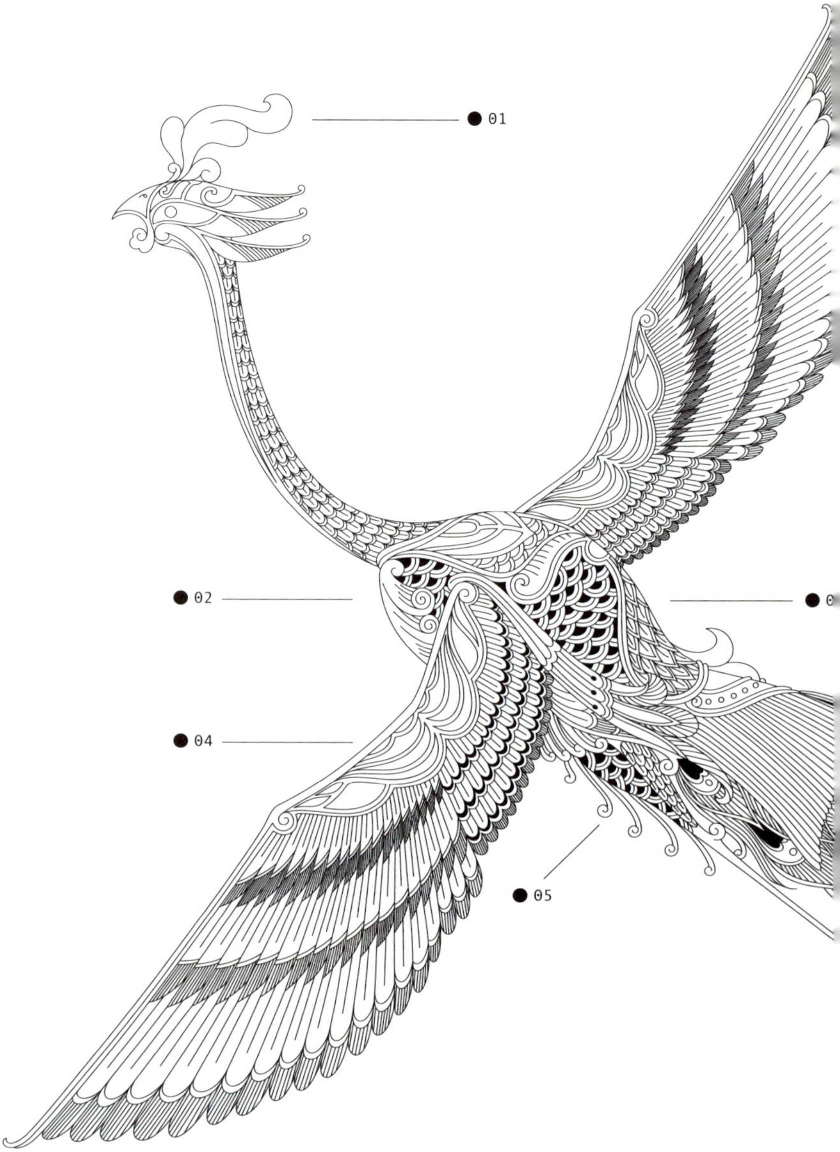

凤皇

fènghuáng

凤皇出于丹穴之山，雄为凤，雌为凰。其状不似凡间禽鸟：蛇颈鱼尾，鹳颡鸳思，龙文龟背，燕颔鸡喙，更有重重鳞羽，鲜彩五色备举。

凤脱胎于皇鸟，如太阳之精，光华灿烂。东夷帝俊设祭坛，以陶盆盛酒歃血，是为信；以铜鼎烹肉，是为礼；投水玉于田，祈求大穰，是为仁；竖谤木开言路，是为德；举兵戈讨仇寇，扶弱邦，是为义。以五行之相生，开灵光之无穷，献祭的皇鸟，本就是日光的化身。在帝俊法阵的加持之下，变换形态，覆盖翎羽，成为世上唯一的一对凤凰。

典籍中有记载，凤皇见，则天下安宁；君有道，凤就会栖于庭前。尧舜两朝，凤皇乃是通天的信使，象征着神的权威，东境之君的旨意。

01——冠为德

02——胸为仁

03——背为礼

04——翼为义

05——腹为信

鹓鶵

yuānchú

鹓鶵为凤属之鸟，位列九雏之末。长眉而短喙，蓬毛而细羽，其翅膀柔弱，必须借风力而飞。自南海飞向北海，所经之处，非梧桐不栖，非练实不食，非醴泉不饮，品性高傲。

相传凤生九雏，雏凤长大后，便离巢而去，在广阔的天地间遨游。唯独鹓鶵依恋亲母，迟迟不愿分别。凤皇背负使命，往返于天界人间，传达人君愿望与天帝旨意。然而即便相隔千山万水，鹓鶵仍旧奋力追随。因此在凤皇栖息的地方，往往也有鹓鶵现身。

独角奇珍谱

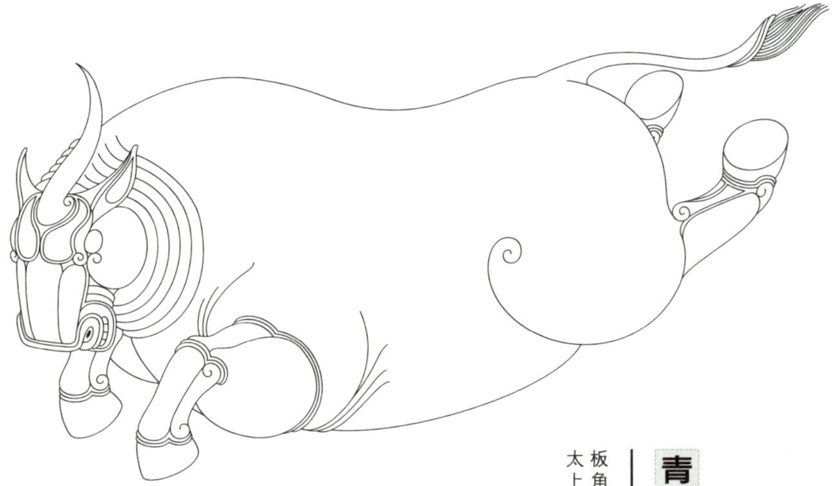

青牛

qīngniú

板角青牛出函谷
太上乘之入西胡

角端

jiǎoduān

角端奉书八万里
明达方外万邦语

獬豸

xièzhì

獬豸能观情百态
助狱辨法世无冤

白泽

báizé

白泽通晓精怪事
东海之畔拓图志

麒麟

qílín

麒麟顶上角带肉
止戈为武显仁兽

貔貅

píxiū

貔貅上阵教冲锋
食尽三千虎狼皮

谛听

dìtīng

谛听端坐闻佛语
伏地耳内收百声

狴犴

bì' àn

狴犴虎身辟九幽
平冤断狱辨奸忠

天生独角，引为祥瑞

神兽的特征总是与它们承接的天命有关。

世上万物的诞生与死亡皆有意义，神兽更是天象地气、神思鬼念的集中体现。因此，神兽的外形往往能表明它们的善恶、愚慧，甚至是职能。

神兽中顶生独角的不在少数，且它们享有一个共同的特征，便是驱恶扬善、见之则吉。

我国传统的独角神兽，首推麒麟。人说麒麟麇身一角，角尖端长着肉球，显示有武力而不用，所谓止戈为武、强不欺弱为仁，因此将麒麟称为“仁德之兽”。

除了麒麟，还有许多种独角兽，都有自己独特的技艺。

譬如东海边现身的白泽，身上记录了世间所有精怪鬼魅的形状。这些鬼怪的事物，它知道得一清二楚，可谓无所不晓的情报专家。

与白泽相对的是獬豸。獬豸通身漆黑，以独角观彻人间正邪，辨别世上善恶。皋陶在世之时，獬豸助他断案，从无错判，是尽职尽责的“司法之兽”。

还有神兽角端，虽体形庞大，独角长在鼻尖上，看起来有些凶恶，但其实心地善良，经常与麒麟相提并论。它神骏非常，能日行一万八千里，还通晓四夷之语，是天生的翻译家。世人总说，当麒麟或角端现世，就表明明君在位，麒麟在野而角端奉书来朝。

貔貅也是独角，出则为猛将，入则为商贾。它有翅能飞，鳞甲坚硬，在战场上是令敌人闻风丧胆的将军；渴则喝饮铜汁，饥则吞金食铁，腹中还另有乾坤，被人崇为“聚宝神兽”。

麒麟一角而仁德，白泽一角而博闻，獬豸一角而忠直，角端一角而智慧，貔貅一角而丰饶。除此以外，还有多闻似白泽的谛听，正直如獬豸的狴犴，甚至是西方神话常提到的纯洁善良、形似白马的神兽，均为独角。如此看来，独角兽的祥瑞寓意，是不可否认的事实。

但也有一个例外，便是板角青牛，正式的称呼应该是“兕”。《山海经》云，兕知人言。可知它天生神异，更追随老子出函谷关，升仙而去。若它没有成为西行路上的一难，或许评价会截然不同吧。

兽生独角，引为祥瑞。兽亦似人，有性善性恶之分，亦有慧钝之别。

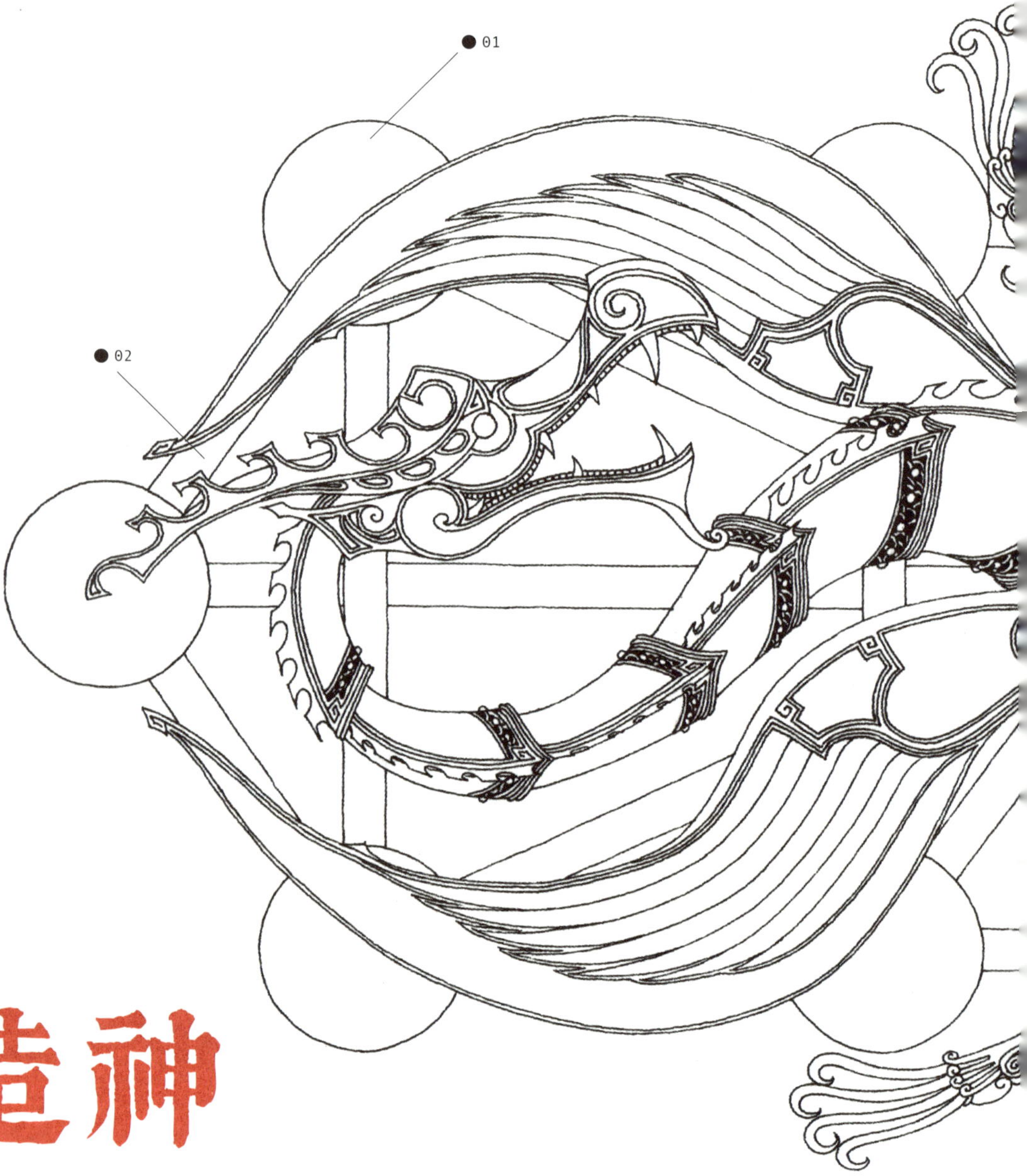

造神

五方神帝造应龙。

以窫窳（yàyǔ）断尾为身躯，以首山之铜铸头颅。张开羽翼遮天日，收拢五爪潜罡风。身具五行自然力，号为冰神称应龙。前途万端辉煌事，皆源此图笔上工。

● 03

01—— 正向的生命之树魔法阵

02—— 铜头
六节，每节六个背棘，对应三十六天罡

03—— 蛇身
七十二节脊骨，对应七十二地煞

方位对应：头在北，尾朝南，对应坎、离。双翼为乾、艮；前爪为兑、震；后肢为坤、巽

应龙生建马，建马生麒麟

应龙诞生于一幅宏伟的蓝图，集合了五大自然神的心力。

第一步，土神后土掏空了荆山山腹作为熔炉。火神祝融在其中燃起熊熊烈火，滚滚浓烟从山顶直冲云霄。

第二步，金神蓐收采首山之铜，锻造了一颗坚硬无比的头颅。

第三步，水神玄冥献上了窫窳之尸。窫窳是大神烛阴之子，身长四百尺，人面蛇身，可惜被天神贰负与其臣危杀死，陈尸于少咸之山。玄冥旁观多时，乘机砍下了窫窳的身躯并带往荆山。

五位大神以山为炉，铸铜为头颅，炼神子之尸，接续指爪和飞羽，一件举世无双的兵器即将诞生。

兵器的名字便是“应龙”。

它通体金黄，铜首鳞身，羽翼四足，头在北，尾朝南，对应坎、离；双翼为乾、艮；前爪为兑、震；后肢为坤、巽。五行八卦集于一身。能呼风唤雨，排山倒海。

但这时，它尚未获得生命。

在四神的注视下，木神句芒发出一道闪电，为应龙点睛。闪电劈开长空，映照在应龙的瞳孔之上，有火花四散于地，鲜花盛开在落点之上。应龙模糊地获得了生命的认知，但在此之前，它已明白了杀戮的使命。

火生土，土生金，金生水，水生木，木生火——五行轮回，应龙成活。

应风雷而生，守五行之气，驰骋三界疆场，矫然一如游龙。

然而，这件上天入地的最强兵器却没能按照铸造者的心愿，成为扫平天神阵营的利器。它虽出鞘，刃却反伤主人。应龙投靠了黄帝，涿鹿一战诛杀蚩尤；此后去往南方，天降洪水时，又助大禹开辟河道，导江河入湖海。之后便没人再见过它。

应龙只上过一次战场，作为兵器它是最无用的一件；但作为一员生灵，它已经获得了平静。

于是在冥冥渺渺之中，应龙将身体葬于天河形成之间，任凭日月星辰变换。或许宇宙也曾倒转，洪荒亦可重现，在时间的旋涡中，一匹龙首白马从星河中缓缓浮现。

那便是脱胎于应龙的建马，身负天数的奥秘，昂然跃现于神王伏羲面前。

《周易》有云：“河出图，洛出书，圣人则之。”

河图与洛书，将世间万物滋长、变换、兴亡、复生的规律皆囊括其中。建马所背负的，正是河图。

河图列十数，黑白圆点以线相连，分成十个自然数。以奇数为生数，偶数为成数。一六在后，二七在前，三八在左，四九在右，五十背中，两两相配，差数为五，置于五方，正是以五为中央之数，为天地之本。

伏羲亲见河图，创出先天八卦。生数为阳，成数为阴，化阴阳为太极，由此衍生出无限的事物和道理。先有五方：东南西北中；配于五行：木火金水土；合于五色：苍赤白黑黄；重于五音：角徵商羽宫；上可应五星：岁星、荧惑、太白、辰星、镇星；下可连五季：春、夏、长夏、秋、冬。更有五虫、五谷、五味、五脏……世上凡所，皆有映照。

数字的奥妙，与天地相通。五在中央，划分阴阳；阴阳对立，显化四象，是为太阳、太阴、少阳、少阴。画三爻为一卦，是为八卦——乾、坤、震、巽、坎、离、艮、兑，是以对应天、地、雷、风、水、火、山、泽八种意象。古人以此观物取象，将宇宙纳入卦象之中。

这是久远的智慧，是不传之秘宝。古来圣王，由伏羲起始，代代相传，视之为天子的受命之书。经黄帝、尧、舜，至周文王，又推演为六十四卦，著成《周易》，衍化为更广博的知识。

建马身影消失之后，却有更多人向天仰首，对辰星发问：何为天数？阴阳造化怎分？四时八方怎划？百兽百草、万千虫豸，几时生灭？

于是建马的形貌再次变化，落入凡尘，在山林之间傲立，名为麒麟。麒麟统领百兽，头有角而尖端有肉，示意有武力而不用，乃是仁德象征。

应龙生建马，建马生麒麟，麒麟生庶兽。由此，众神的兵器终于完成了它的蜕变，将血肉融入了寻常兽类，永远地流传下去。

应龙

yìnglóng

应龙为龙之始祖，本非天地所造。集蛇身、铜头、鳞甲、羽翼于一身，承载五神点化的自然力量，又在神族麾下冲锋陷阵。曾蓄水止风雨，助黄帝斩蚩尤，平天下诸侯；也曾以尾画地，导引洪水，为大禹建下治世之功。

01—— 双翼上有符咒，右为生云符

02—— 左为生雨符

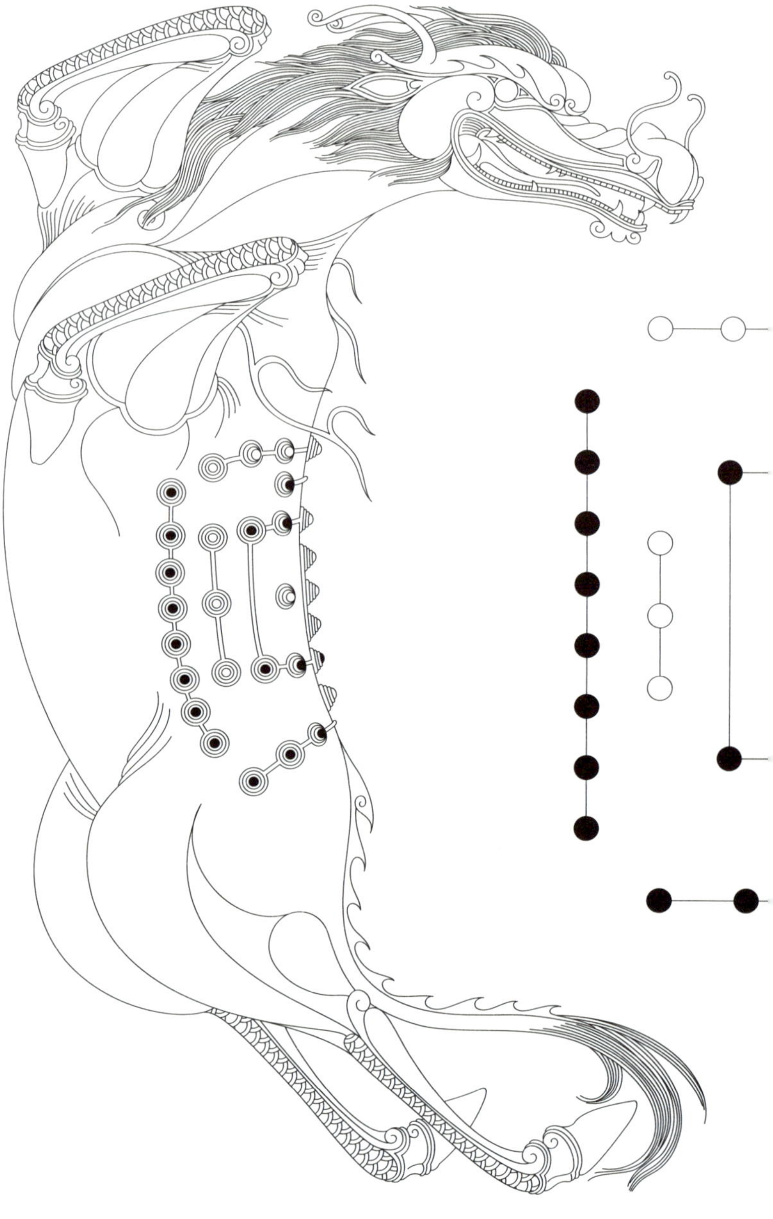

建马

jiànmǎ

初现天河，建马负图。

建马是应龙的后代，头似龙，而有马身，背出龙脊，比七星更多两节，寓意九重天阙任意穿行。四蹄带起天河水，倒转星辰，时光反归。因此建马虽脱胎于应龙，现身却在应龙之前。

背负斑点如星宿，以线相连，便成河图。天象奥秘，尽在其中。三皇之一的天尊伏羲，曾见建马出于天河，并拓其背，由此创立先天八卦。其中蕴藏八极天柱所在，以及八极诸神所诞的要诀。

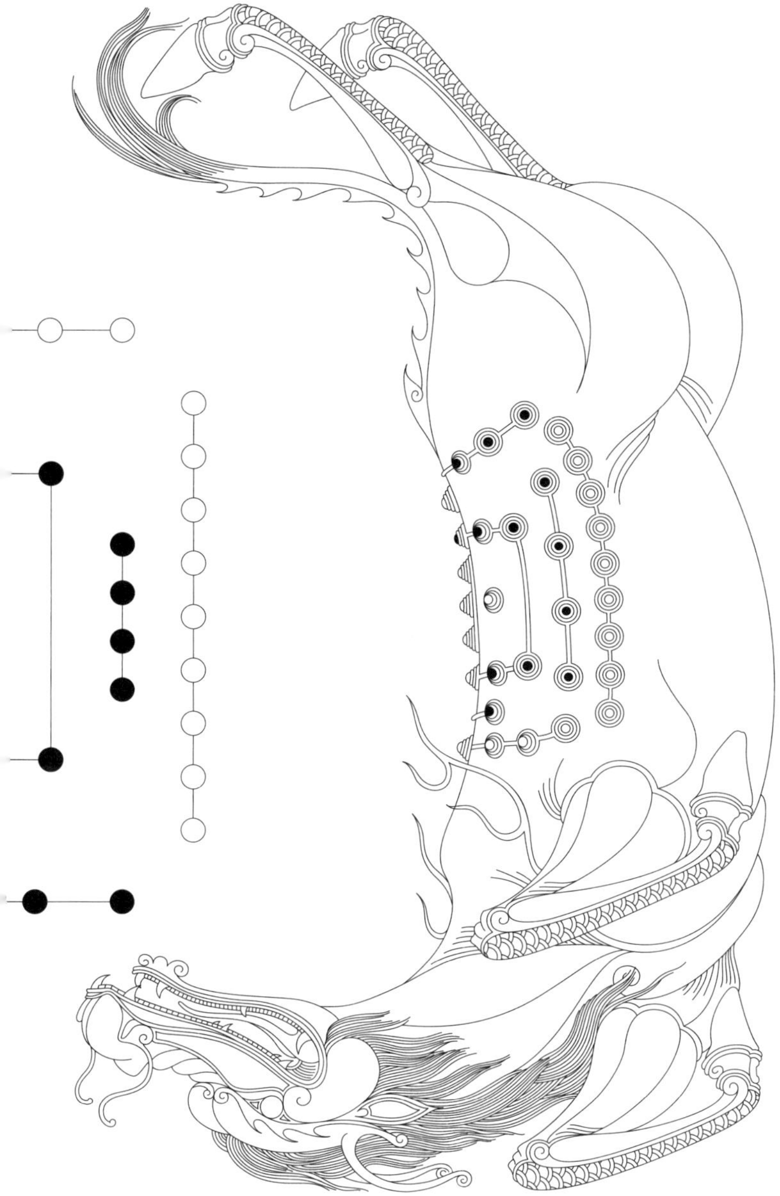

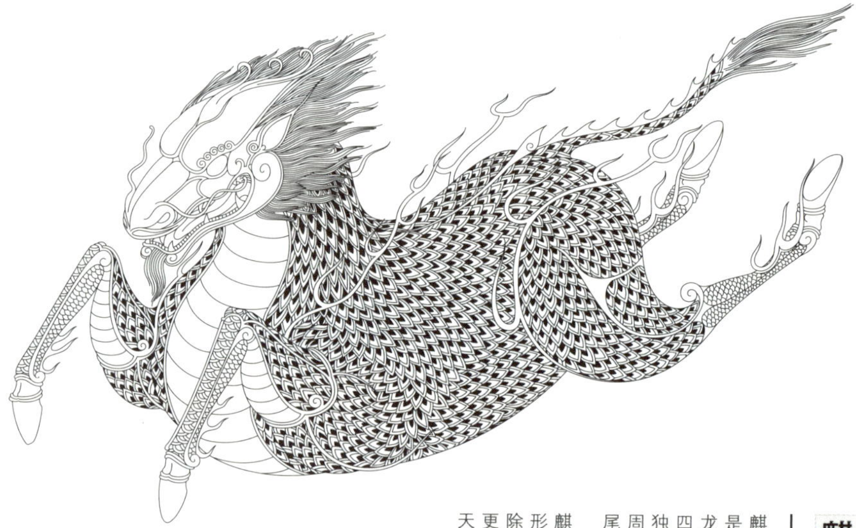

麒麟

qílín

麒麟瑞兽
是圣王之嘉瑞
龙首马身
四蹄带火
独角青鬃
周身盖鳞
尾出七星棘

麒麟之属
形态可分四种
除麒麟外
更有符拔
天禄及辟邪

符拔

fúbá

符拔亦名桃拔
形似鹿而长尾
出乌弋之国
虽麒麟属而无角

瑞兽麒麟谱

天禄

tiānlù

天禄亦作天鹿
虽麒麟属而双角似鹿
常立于阁门
寓意永绥百禄

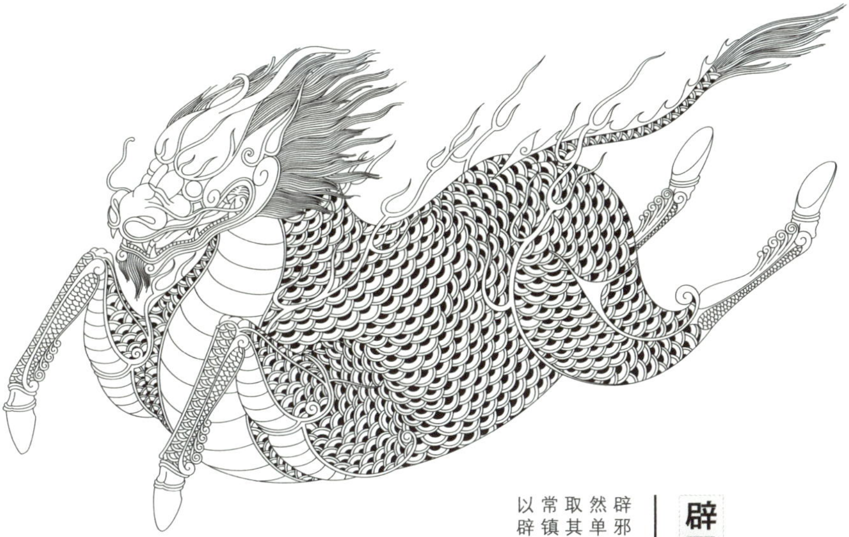

辟邪

pìxié

辟邪最似麒麟
然单角分叉鳞片不同
取其祓除不祥之意
常镇墓门石碑
以辟退百鬼妖邪

监兵

jiānbīng

监兵大陆，是西方仙地。神一般是先天所生，仙则是有大能力者修炼而成。仙有鳞、毛、羽、昆、蠃五类，且无优劣之别，故猪狗牛羊也可称兄道弟，这是其他大陆所没有的。

仙虽无优劣之别，却有好坏之分。有梼杌、饕餮、穷奇、浑沌等凶兽，也有石猴、马猴、猿猴、猕猴混迹于世间。

若论自然，监兵大陆以山闻名，其中当以昆仑山最为著名，亦有梅山、眉山等地，也优于他处。

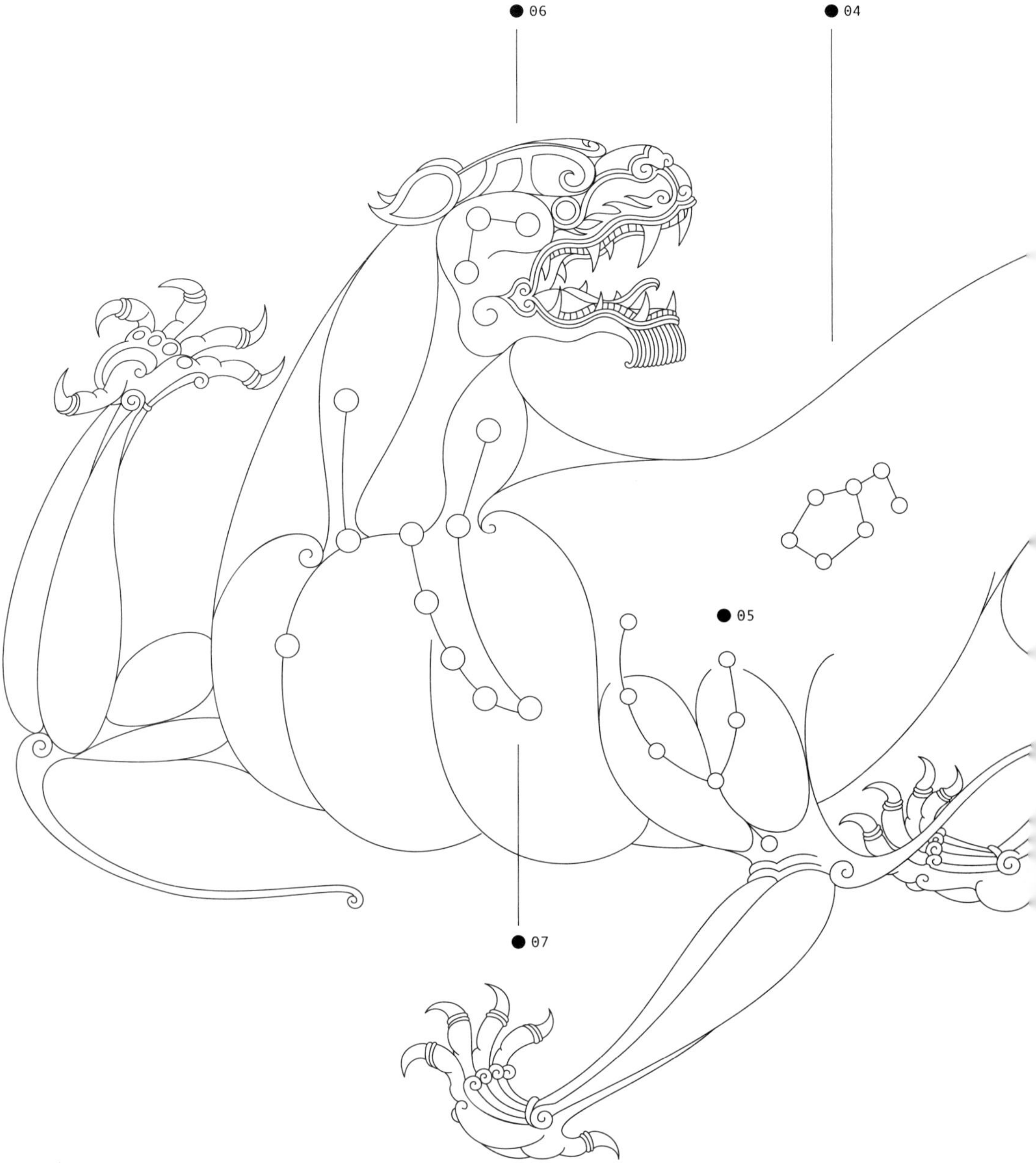
06
04
05
07

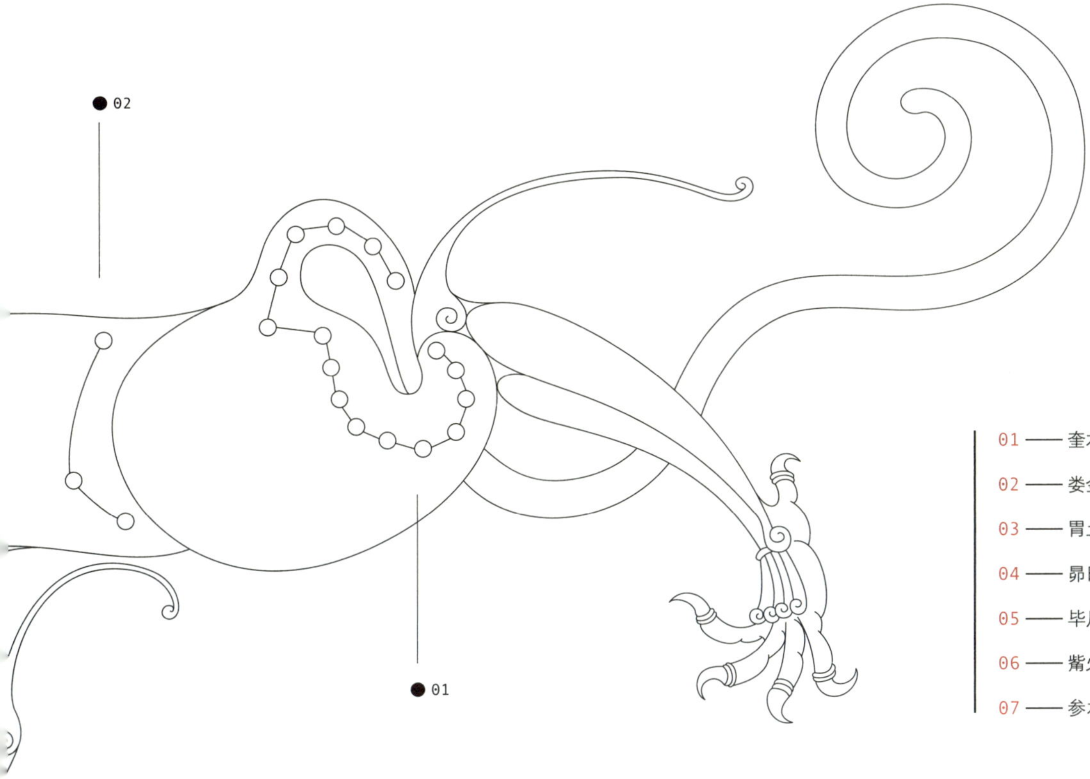

01 —— 奎木狼

02 —— 娄金狗

03 —— 胃土雉

04 —— 昴日鸡

05 —— 毕月乌

06 —— 觜火猴

07 —— 参水猿

白虎七宿

báihǔqīxiù

“白虎七宿”被神化为“监兵星君”，“监兵星君”对应着“西牛贺洲”大陆，因此后者被称为“监兵大陆”。峰峦聚散都根据奎、娄、胃、昴、毕、觜、参七大星区分布，为此七位星君所守护。

奎木狼

kuímùláng

娄金狗

lóujīngǒu

胃土雉

wèitǔzhì

昴日鸡

mǎorìjī

毕月乌

bìyuèwū

觜火猴

zīhuǒhóu

参水猿

shēnshuǐyuán

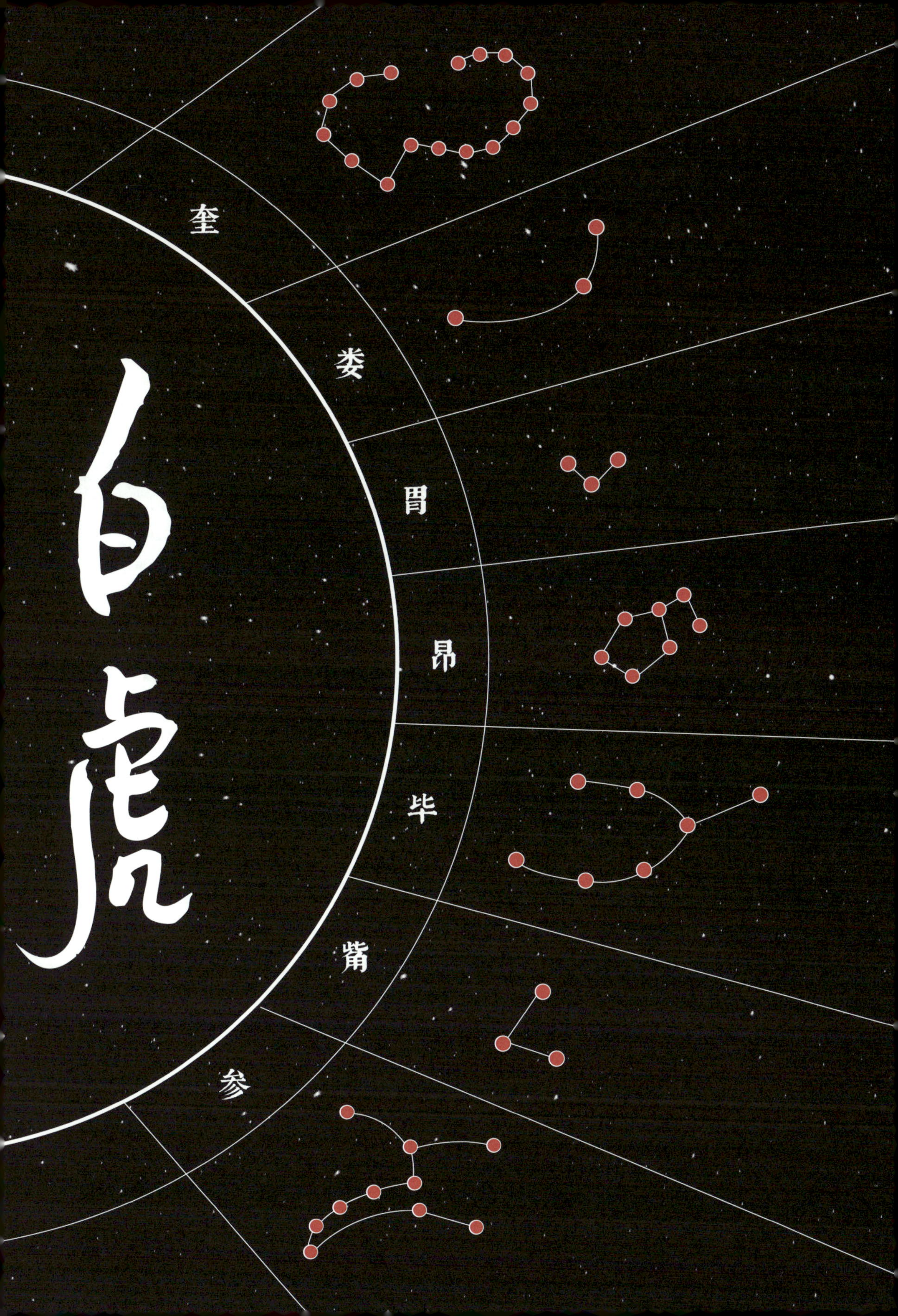
白虎
奎
娄
胃
昴
毕
觜
参

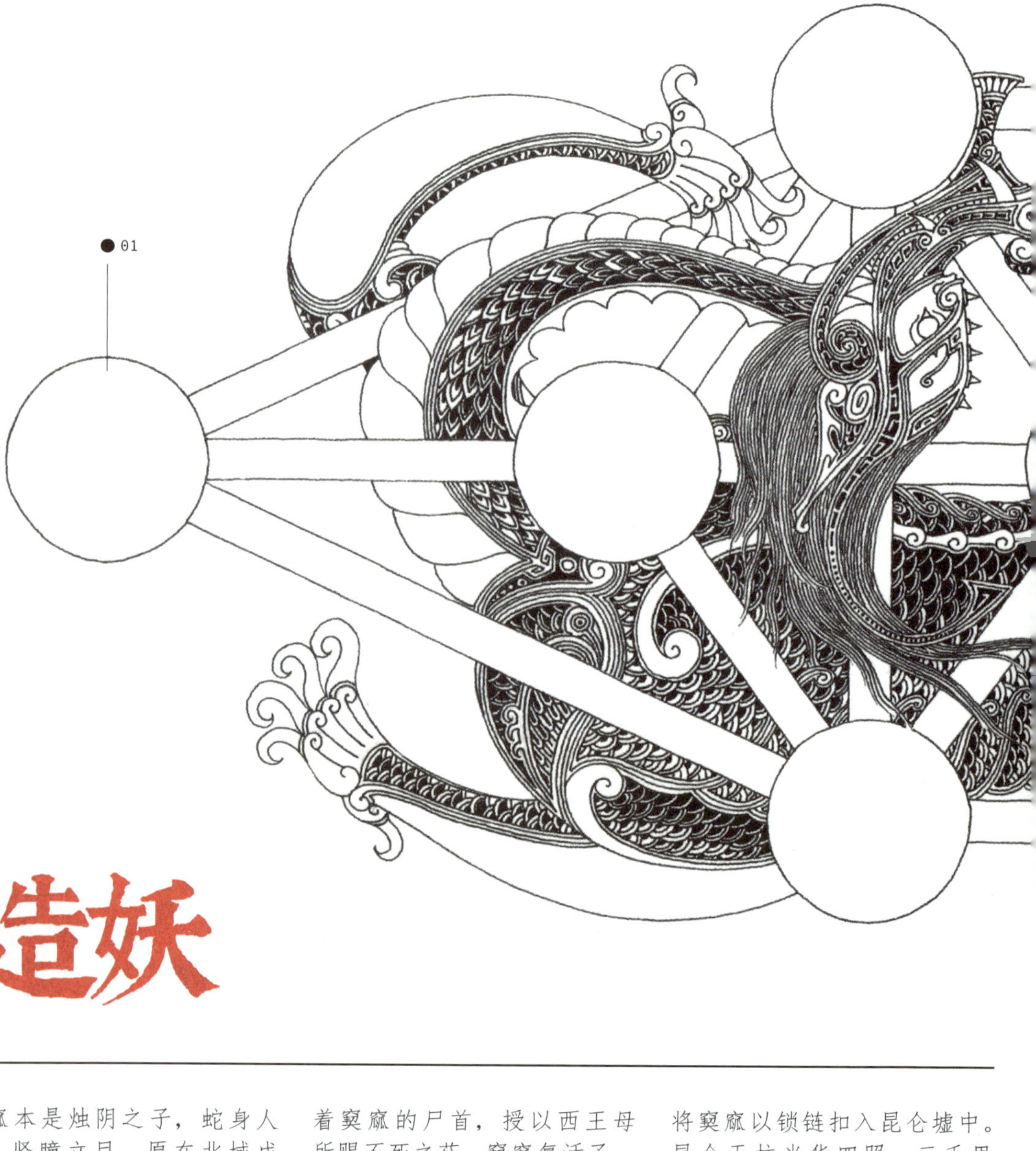

造妖

窫窳本是烛阴之子，蛇身人面，竖瞳立目。原在北域戍卫烛龙幽都，却因嫌隙为贰负之神所杀。玄冥断其蛇身，造就了应龙。

窫窳仅剩头颅，被巫彭所见，送至昆仑山，召来群巫围绕着窫窳的尸首，授以西王母所赐不死之药。窫窳复活了，但神性消散殆尽。其形貌诡异，外形似牛，却又集赤身、兽头、人面、蛇颈、虎爪、马足于一体，终日躲避弱水中，袭击行人作为饭食。无可奈何之下，群巫奉西王母之命，将窫窳以锁链扣入昆仑墟中。昆仑天柱光华四照，三千里弱水环绕，没有生物能够接近。窫窳潜伏其中，忍饥耐渴，只等朔望之日，昆仑墟剪影投在南荒海外，才能暂时出来袭击东夷诸部，食人饱腹。

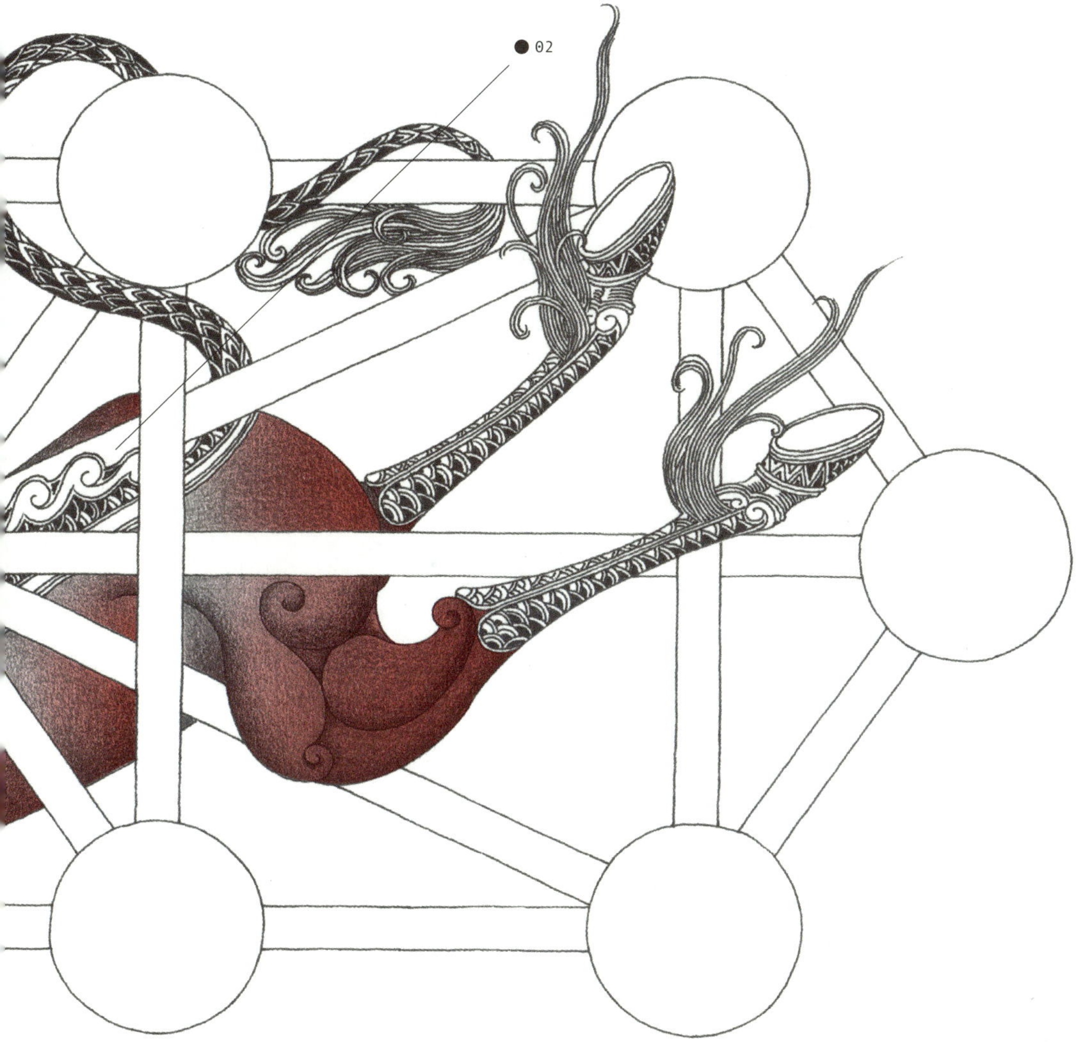

01—— 反向的生命之树魔法阵

02—— 蛇身时共有八十一节脊骨，砍去七十二节，仅余九节

梼杌

táowù

梼杌出身名门，是上古圣君颛顼氏的后代。但他凶顽不化，傲慢狠恶，成了一方祸患。它的形貌不佳，狰狞可怖，面如虎而猪口，长牙利齿；须发满身似猿猴，有髭须短鬣，尾巴可伸缩，能作武器之用。背后及四肢均有斑纹，似松树斑驳，又似蛇鳞流光。他方之人看见它身上的纹理像锯断的树桩平面，就叫它梼杌。

傲狠、难训是其性格写照。梼杌顽固奋勇，与兽斗，虽死不退。其族首领原本尊为四岳之一，有文臣忠直、武将骁勇之名。然而到了舜帝时代，被多方弹劾，最终遭到贬谪驱逐，举族流放至北疆羽山一带。因旗帜上绣有梼杌之形，以为族徽，并以梼杌自称。

饕餮

tāotiè

饕餮是缙云氏中的不才之子。它的身形怪异，狼身羊首，虎爪牛尾。全身被毛，头戴角，眼睛却在腋下。腹上生有怪兽的面孔，张着血盆大口。臂上如刺千羽，应蚩尤九族之状，承继天符之神的形貌。

饕餮常在钩吾之山，以贪吃闻名。传说西南荒中有饕餮国，其人贪恶如狼，好囤积财物、侵占食粮；环伺道路，伏击过往行人；更甚者磨牙吮血，直接吃人。

传闻饕餮族裔，与蚩尤九黎有亲，虽然兵败而俯首，却得厚待，位列四岳重臣，以安天下。可惜时移世易，尧时便有臣子进谏，应当流放饕餮，使之为贪虐者之戒。尧帝未能去，而舜帝为之，这就是饕餮国的来历。古今彝器之上多铸饕餮的图案，或以为警戒凶婪，或另有原因，皆不得而知。

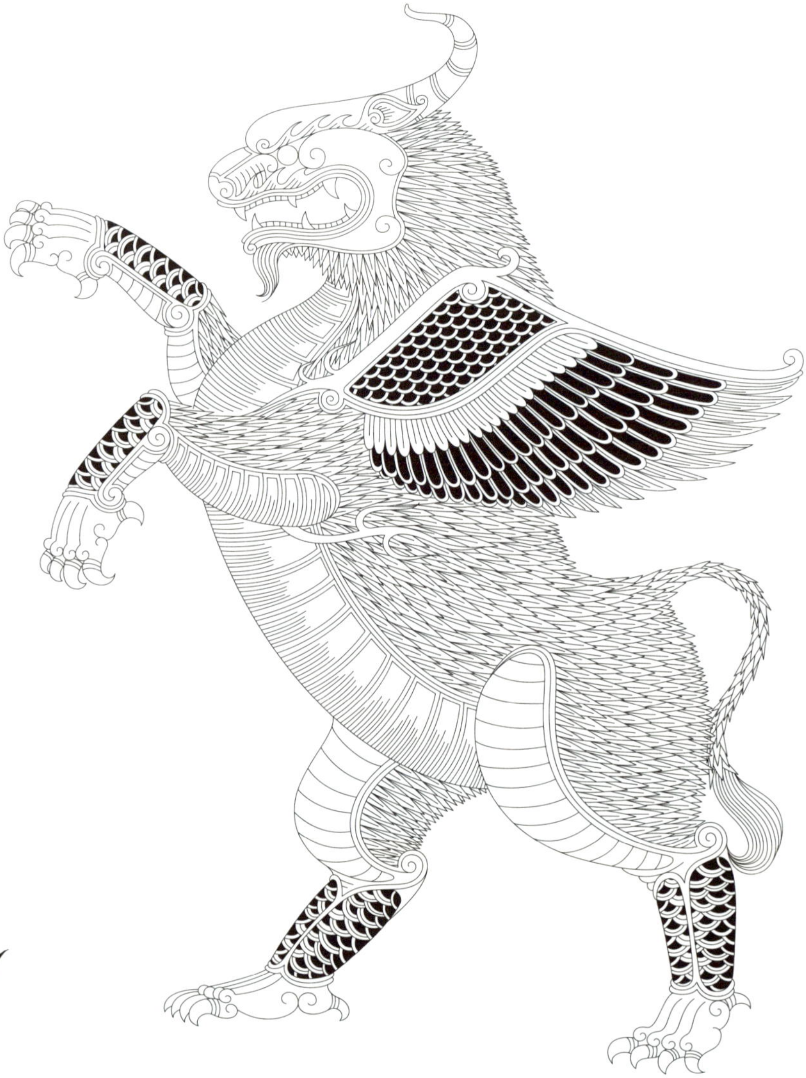

穷奇

qióngqí

穷奇是少皞氏的后代。它本为四岳之尊，却因毁信弃义、不践诺言、刚愎自用、亲谗远贤，而堕为四凶之一，被流放到千里之外。

西境的邽山，曾出现过穷奇的影踪。它身大如牛，虎头戴角，四爪如铁铸钢造一般，浑身长刺成簇状，像刺猬一样。背有双翼，能飞能斗，扑食禽兽，也吃活人。中元时节，更能引来蛊毒鬼物并把它们吃掉。它的威力是如此之大，以至于禽兽见之，战战兢兢，不敢奔逃；凡人见之，虽刀斧在手不敢对峙；鬼物邪祟见之，退避三舍，不敢冒犯。

族人举着穷奇的旗帜，听说有人相斗，则聚众殴打得理的一方；听说人有忠信的品德，就把人按住割掉鼻子；听说有恶逆不善的人，却捕杀禽兽猎物馈赠给他。因而天下之人，都说穷奇无道，倒转善恶黑白，彰凶残而灭良善。

浑沌

húndùn

帝鸿氏有不才子，名为浑沌（也作混沌）。它有六足四翼，面目模糊不可辨。有目而不见，有两耳而不闻，有腹而无五脏，又是个直肠子，食物直接滑过。背阴而抱阳，浑身由阴阳二炁（气）环绕而成。

帝鸿就是帝江，它是万物之源，形如黄囊，为盘古所封印。浑沌则是帝江所遗留的能量，有兽形而无灵慧。唯受天性驱使，见到贤德的人就抵触，见到凶恶的人就依附，空居无为，不饮不食，行坐无常，顽劣嚣张而不友善。若是拿起南海神的锤子，配上北海神的凿子，一天凿开一窍，则过七天它便会死去。

取其颠倒不智、好行凶德的特征，故而将帝江氏的遗民，名之以浑沌氏族，放逐于昆仑山外西野大荒之中。

禺

古人曾将世间生物分为两大类、十小种。两大类指仙与虫。仙是具有超凡能力的生物，他们超脱生死、掌控能量。虫则是凡尘中轮回的众生。

诸周天内，仙有五类，即“天地神人鬼”：应天命而生的神祇，应地气而诞的地祇，由创世的能量聚集出的众神，凡人修习而成的仙人，生灵死后的魂魄化成的鬼仙。

灵明石猴

灵明石猴名声最响，保护唐僧西天取经的孙悟空便是。灵明石猴最能识别事物的变化，知天时、晓地利，移星换斗，顺应事件发展的法则而行。菩提老祖传以七十二般变化，称得上是因材施教了。

赤尻马猴

赤尻马猴乃是淮河水神无支祁。它知晓阴阳两界之事，行事与人类近，擅长在不同情况下做决断，能趋吉避凶、避死延生。无支祁曾在淮河为患，一度占山为王，建立了猿、猴的国度。后来它被大禹打败并锁在军山水下，却并未身死道灭，数百年后仍脱困而出，复得逍遥自在。

虫也有五类："鳞毛羽昆嬴"。鳞指身上覆有鳞片者，多指水生生物和爬虫，如鱼、蛇、蜥蜴；毛指身上覆有毛发的生物，多指走兽，如狮子、老虎；羽指长有羽毛的生物，多指飞禽，如鹰、鹤；昆是长有甲壳的生物，多指昆虫，如螳螂、乌龟；嬴则是身上没有明显覆盖物、肌肤裸露的生物，如蚯蚓，凡人也在此类。

上古时期，还有四个不在这十种之内的生灵，那便是"混世四猴"，也可称其为"禺"。禺，类猿猴也，分别是灵明石猴、赤尻马猴、通臂猿猴、六耳猕猴。

这四只猴子皆为世所独有，每个都有四种特殊本领。

通臂猿猴

通臂猿猴就是封神大战中的白猿袁洪。它的本领都在一双手臂上，战斗能力很强，上能揽日月，下能搬千山，懂得纠察过失，也会恃力逞强。可惜袁洪助纣为虐，不得天命，即使能和杨戬战成平手，最终还是被斩仙飞刀所杀，封神台上成了"四废星君"。

六耳猕猴

六耳猕猴自然就是那只在取经路上为难孙悟空的假猴王。它善于聆音，能据所闻理出事物发生的条理，知晓每件事的前因后果，可谓万物皆明。但神通不敌天数，最终被佛祖降伏，死在了悟空棒下。

白猿袁洪

袁洪是在梅山古洞中得道成精的一只白色猿猴。

说是猿猴，其实猿和猴本是不同物种。外形虽然相像，但猿比猴更接近人类。

这白猿本是“混世四猴”之一，跳出三界外，不在五行中。天生天养，神通自成，可以“拿日月，缩千山，辨休咎，乾坤摩弄”（《西游记》）。白猿长成以后，有变化之能，武艺超群，善使一条镔铁棍，带狼牙挎弓箭，还与梅山其他六个精怪拜了把子。

封神之战的时候，仙人术士源源不断地赶赴战场，历劫受难。万仙阵后，碧游宫门徒死伤惨重，天下散仙炼气士惊惧而隐匿，不肯现身于朝堂，令助纣为虐的玉虚宫逆徒申公豹无人可请。而笼罩朝歌的妖气越来越浓烈。国之将亡，必生妖孽，四野荒岭的凶兽精怪全都跑出来，堂而皇之地进入人类的国都，意图在乱世之中捞取好处。

白猿也是其中一员。它变成人类的形貌，给自己取名为“袁洪”，由于毛发雪白，看上去像个枯瘦佝偻的老人。正逢纣王放榜招贤，袁洪便穿着一身粗布白袍前去投名。商朝人崇尚白色，将军盔甲皆是银白，袁洪上了前线，同样是一身银白无瑕，在阳光下闪耀着令人目眩的光芒。

大战之后，袁洪带来的六位弟兄依次落败，丧命于杨戬之手。只余他一个战败后逃回梅山，欲借梅山地理和山上群猴与杨戬再决雌雄。

杨戬得女娲相助，获山河社稷图。此图有变化之妙，杨戬将它挂在梅山古树之上，此宝便化作一片山川幻境，与梅山相连。杨戬和袁洪缠斗时，便将他诓入了幻境之中。

袁洪被幻境所迷，贪吃桃子，被山河社稷图变化的仙桃坠下身躯，失了法力，因此成了周营的俘虏。

袁洪虽然被俘，但作为“混世四猴”之一，刀斧不伤，水火不侵。杨戬用刀砍去他的头颅，转眼间，颈上开出一朵白莲，袁洪的头又长了出来。

姜子牙只好取来陆压道人所传的斩仙飞刀，施法念咒，这才杀了白猿。

商周之战尘埃落定后，袁洪被册封为“四废星君”。四废星是凶星，此星当空，诸事不宜。

梅山七怪与眉山七圣

白猿袁洪有六位兄弟，均是梅山上得道的精怪。

助商之时，袁洪和六位兄弟商量好，为避免商朝猜忌，由袁洪带领吴龙和常昊两位兄弟先下山探路，挣取功名，其余诸人再假作不相识的方士，陆续前来。

当时商军已是强弩之末，大将凋零，无人可用，哪怕云外仙人也请不到了。因此袁洪三人虽不通兵法，行军布阵也非所长，但骨骼清奇、身形精壮，看起来是几员勇将，便被纣王委以重任，领军前往孟津，驻守黄河关隘。商周数次交锋，各有胜败，一时两方相持在黄河两岸。

周营中，杨戬见数次交锋都无法取胜吴龙、常昊，一祭出法宝，他们就化作一股烟气逃脱，便上终南山求云中子赐照妖宝鉴。照妖宝鉴能映出妖魔原形，一旦原形被识破，其真身也会被镜光定住。再次对阵时，杨戬祭出照妖鉴，照出吴龙为蜈蚣、常昊为白蛇，就此阵前斩了二妖。

二妖死后不久，朱子真、杨显、戴礼、金大升又依次前来。

有了照妖鉴的帮助，这四怪实在不足为惧。朱子真为野猪变化而来，杨显为山羊，戴礼是野狗，而金大升则是水牛。他们的武艺和法宝皆不成气候，很快败在杨戬手上，最终丢了性命。

战争结束以后，封神台上册封战死的英魂，吴龙受封“破碎星”，常昊“刀砧星”，朱子真“伏断星”，杨显“反吟星”，戴礼“荒芜星”，金大升“天瘟星”。它们与袁洪的四废星一样，均为凶星。

因此，梅山七怪乃是七个被杨戬降伏的妖精，是战场上的敌手。而后来又有“眉山七圣”之称，许多人便以为这是梅山七怪成神后的尊称，其实不然。眉山并非梅山，眉山七圣乃是二郎神杨戬的六个结拜兄弟——康、张、姚、李、申、直，与杨戬合称为“七圣”。康是康安裕，张是张伯时，姚是姚公麟，李是李焕章，申乃郭申，直乃直健。

这六人本是结庐隐居在眉山的隐士。眉山虽不比昆仑，但也是一处洞天福地。春秋时，康、张、姚、李、申、直先后来此寻仙问道，六人的打扮各有特征，显示了六种凡人的职业形象：渔夫、樵夫、耕户、猎户、商人与文人。

这六人在眉山得道，以擒拿妖鬼、守护一方安宁为业。到战国秦昭王时，二郎神杨戬在封地周围搜山驱怪，路过眉山，康、张、姚、李、申、直六人便毛遂自荐，愿为巡山出力。六人后来更是投了杨戬，结拜为异姓兄弟。

加入杨戬麾下后，七人皆在灌江口享有凡人的香火供奉。但灌口二郎（二郎神）

岂会安坐神台，当个富贵闲人？他身着金甲，挎金弓银弹，带三尖刀，牵细犬，领着六位兄弟，上山巡妖降魔王，下江斩蛟平水患。有了功绩，六兄弟很快也得到嘉奖，有了官职。康、张、姚、李当了太尉，申、直二人则做了将军，六人的地位仅次于杨戬，在灌江口的地界上，堪称万验万灵的保护神。

不过，传说还有一位隐士，曾经也和眉山六兄弟结拜，蜀中留有这样的传说："有兄弟七人，助二郎斩蛟。"然而这位隐士无心名禄，不曾留下姓名便飘然而去了。所以提到眉山七圣之首，大多指的是二郎神杨戬。

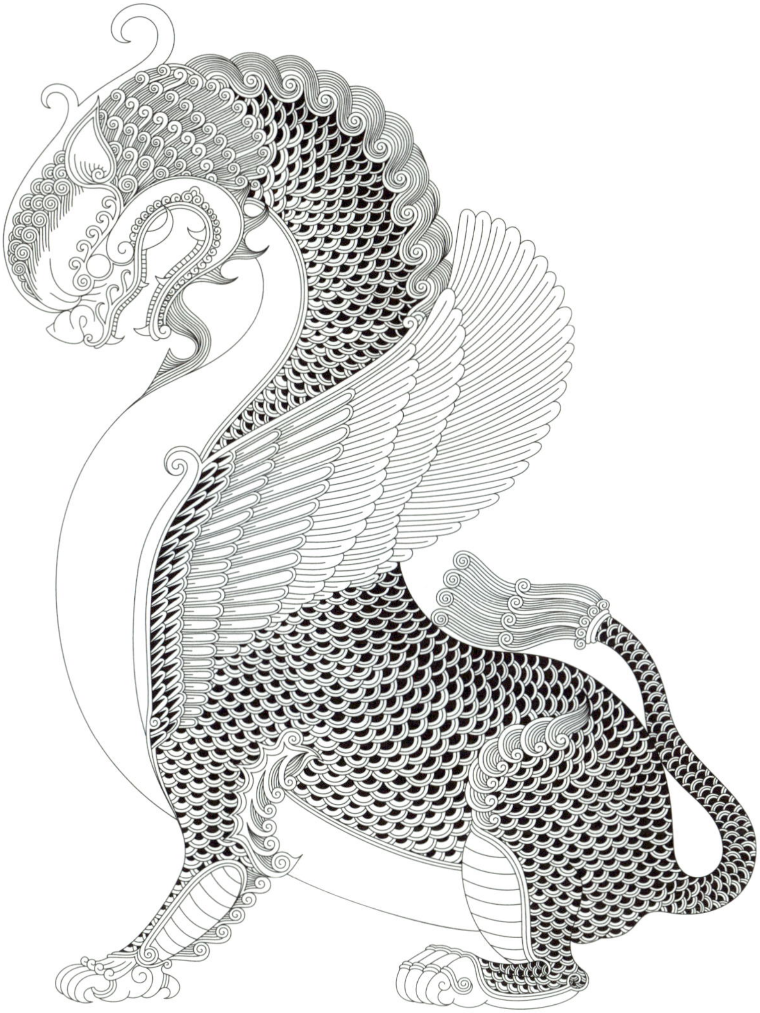

貔貅

píxiū

貔貅龙身狮头，顶生鹿角，背脊披下卷曲鬃毛，身覆鳞片，口大腹深，贪婪好食，两肋下伸出一对翅膀，紧贴身侧。

世人皆知貔貅以金玉财宝为食，所在之处，必将财源广进、坐享富庶；又如饕餮一般，不知餍足，只进不出，永守财帛。

貔貅的性情凶猛，有威武神态。曾助轩辕为战，集结六猛兽，与炎帝战于阪泉之野。时人呼之为先锋，因其披鳞戴角，误认为龙，其实不然。貔貅并无背刺，即无七星椎骨，实非龙属，而别具一格。

狴犴

bì'àn

狴犴号称宪章，也是龙子之一，常在官衙、狱门之上，镇守公堂、维护正义。

它有老虎的身子，头上长着独角。虎身，表明它好食鬼魅，辟易邪祟；独角，表示它承袭獬豸，能断冤狱。它通体雪白，五行属金，集肃杀之气。身带奇纹，四肢之上卦象为“讼”：三横在上，意为天乾；下接中满五段，是为坎水。天水相合便是讼卦。

讼本为人间争斗，狴犴好讼，绝非喜斗爱杀之辈，而是公正之兽。善明辨是非，秋毫不漏，能决断纷争、平息愤恨。虽面目凶恶，却有公义之心。

四不相

sìbúxiàng

将四相谋合，显五方造化，钟日月神秀，却赋非相之名，以不象昭万象。

元始天尊将此四不相赠予太公望，襄助其伐纣大业。四不相者，集四相于一身：头如苍龙顶生角，颈有层鳞脊骨突；肩胛带羽铺前蹄，胸下六褶似垂胡；虎身尻尾带斑纹，蹬开四只麒麟足。腾云时祥光托足，落地起千里清风，四海九州皆历遍，三山五岳霎时逢。

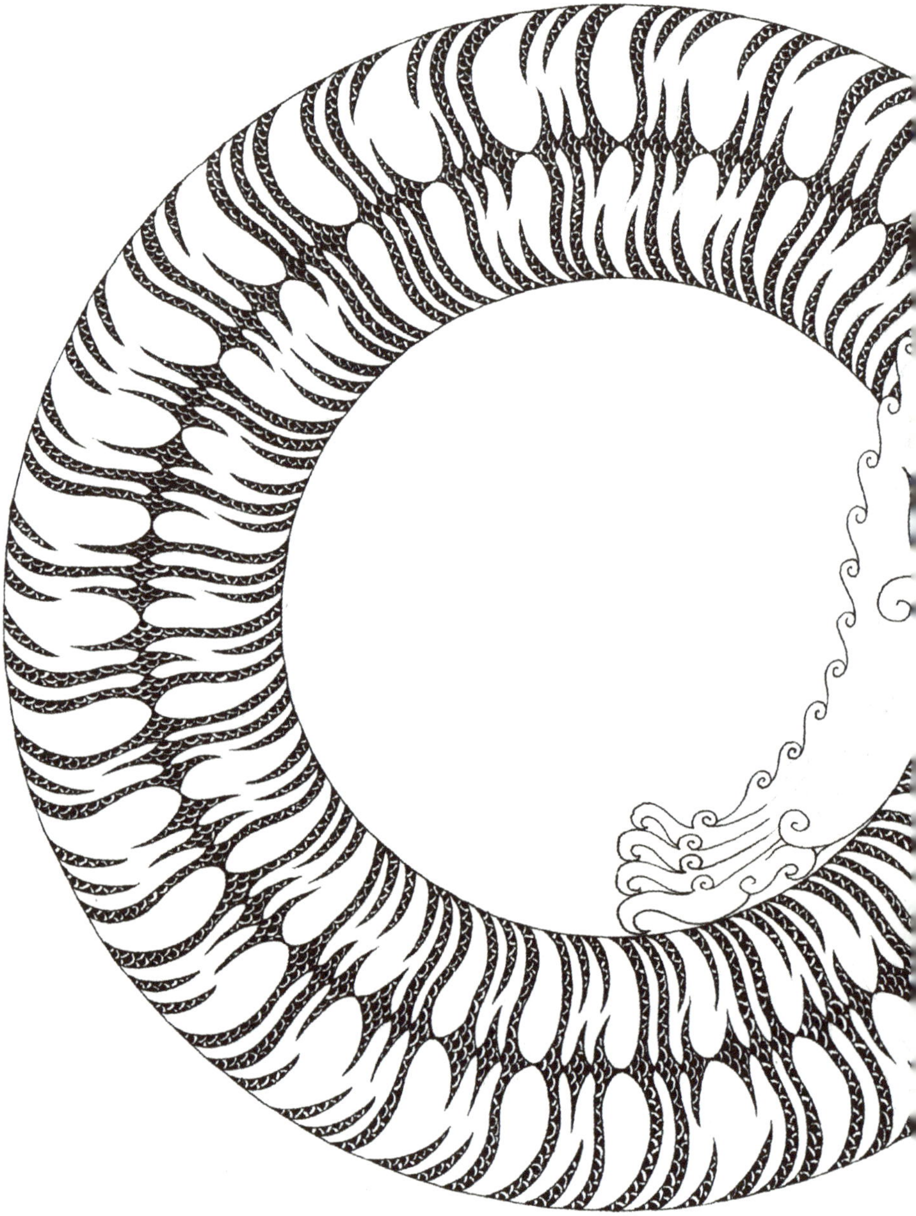

驺虞

zōuyú

林氏之国有珍兽，名叫驺虞。其身如白虎，但有满身黑纹，尾巴长于身体，踏云而行，五采具备，乘之日行千里。

驺虞面上，斑纹横斜，其中三道横贯，是为乾卦；额前六段，是为坤卦。从头经脊背延伸到尾尖，伏羲六十四卦，铺陈至底，全部齐备。驺虞行走时总爱咬着自己的尾巴，形如回环，卦象相连，周而复始，永无尽头，这便是周易的深意所在。

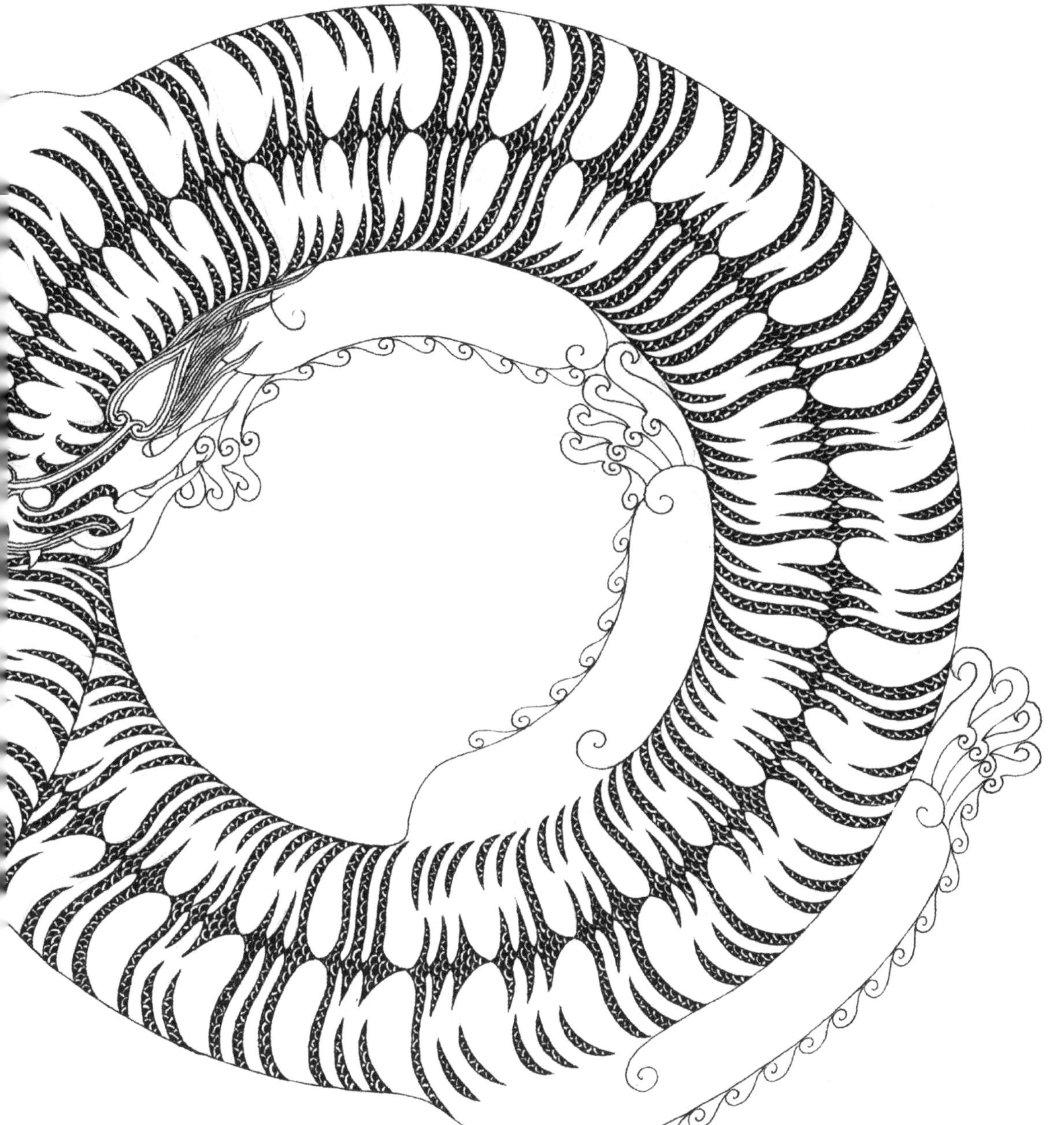

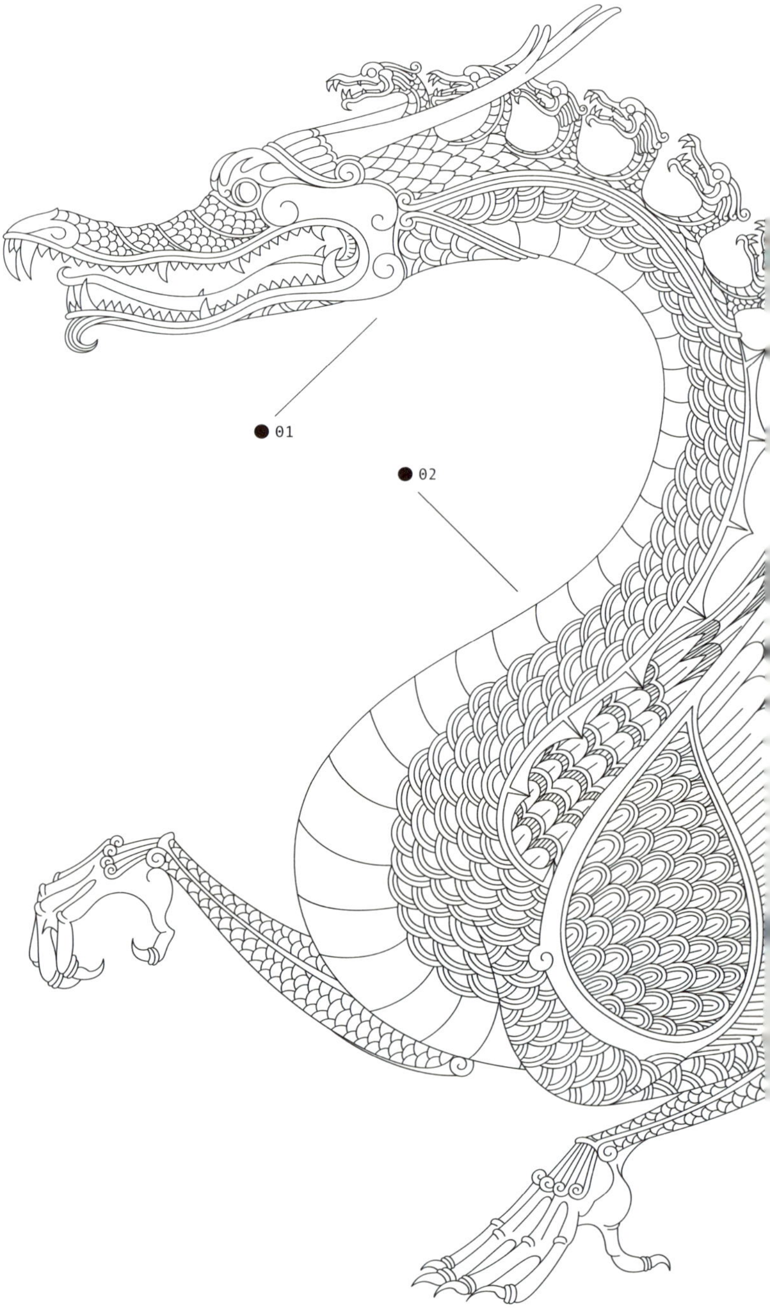

商龙

shānglóng

五方山川有异，风物不同，龙禽形貌亦有参差。

西海依照五行而言，德配于金。从音律上讲，是太簇，也就是商音，于是西海之龙便唤作商龙。首领名为敖钦（《西游记》），受封于禹王，镇守西海疆域。商龙有七个头，主头戴双角；其余六头如上竖的鬃鬣，摇曳而动。它仅有前肢，没有后腿；似大蟒，尾如鸢花，又带鱼鳍；肩上横出两骨，生有羽翼，能飞。

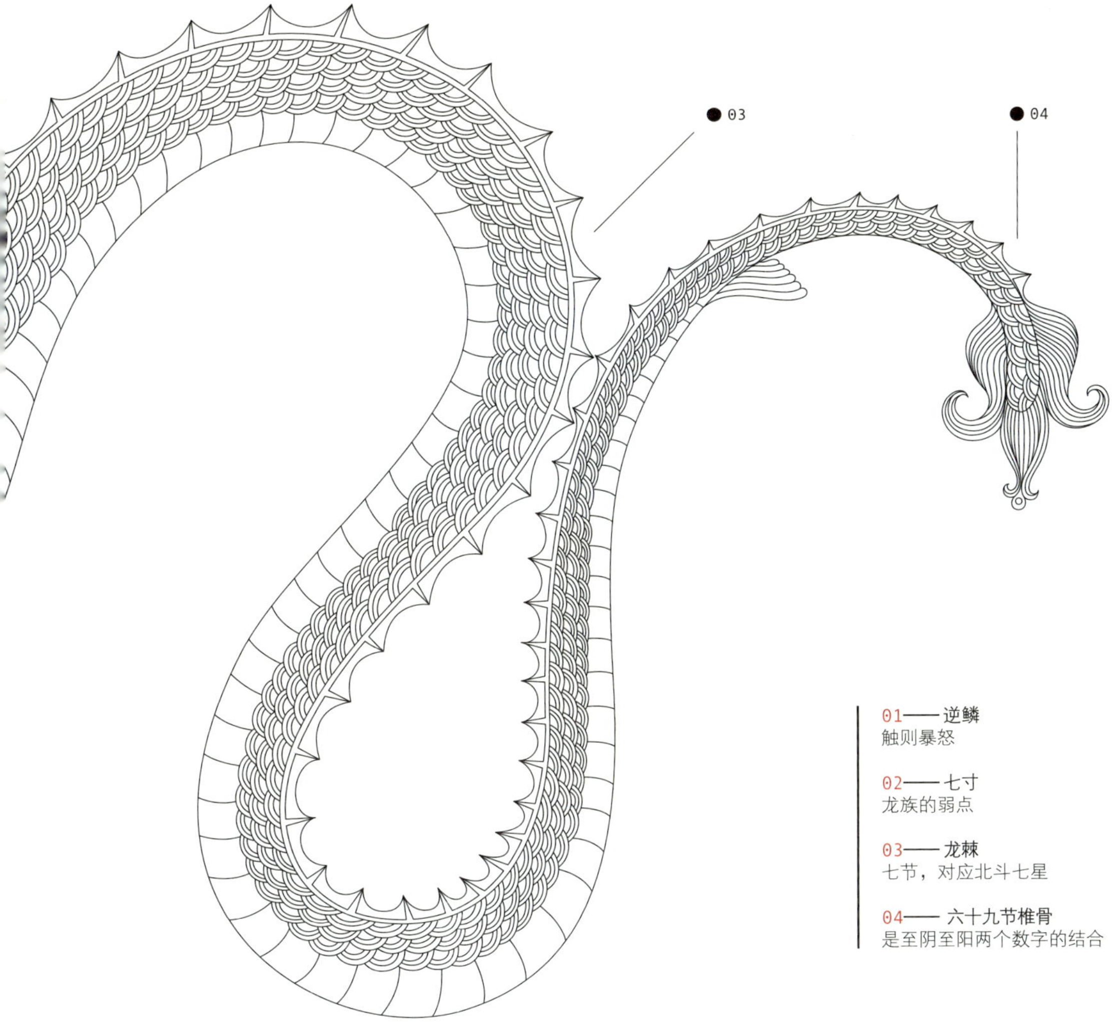

01—— 逆鳞
触则暴怒

02—— 七寸
龙族的弱点

03—— 龙棘
七节，对应北斗七星

04—— 六十九节椎骨
是至阴至阳两个数字的结合

睚眦

yázì

睚眦之名，戾气深重。为龙生九子之一，龙头犬身，颈项粗长，浑身披甲，背有七星腰椎刺出，集天下兵刃于一体。头顶角似方天画戟；犬牙似剑尖；项鳍如长斧；胸口如银花锤；腰棘前六节如钩，最后一节似钺；尾如钢鞭，末端分叉成三叉戟。除四肢覆盖鱼龙鳞片，颈项、躯干之上如蒙锁甲，浑身银光闪闪，锐不可当。

蒲牢

púláo

龙子之中，蒲牢最为胆小。

它体形纤细，如同海中蜥蜴，不愿潜入深海区域，只因惧怕天敌鲸鱼。一旦发现鲸鱼踪影，便逃往海面，长吸一气，吼声震天，妄图吓退对方。

佛寺里的古钟就是凡人根据蒲牢制造的，钟纽即为蒲牢形状，而撞钟的杵则刻成鲸鱼模样。这是取二者相克之意，愿蒲牢的声音能够驱散鬼魅、澄清宇内。

吉光

jíguāng

《云笈七签》有云："天马者，吉光、腾黄之兽也。"

吉光身为天马，通体覆满金彩羽毛，熠熠发光。它在凡间可活三千年，自由踏云追风，通行于天庭地界。凡人若能骑上，便能羽化登仙，直升天界。

汉武帝时期，西海之国派遣使者进贡吉光毛裘一件，像铺开黄金细绒一般，入水不沉、入火不毁。它用吉光遗落的毛羽织就，要累积数百年才能做成这样一件，可谓稀世珍宝。

火鼠

huǒshǔ

海外有十洲，西部炎洲如海上火岛，终年燃烧，昼夜不熄。那些扬帆深入大海的人曾见，呼为火林山。山上有火光兽，形如老鼠，毛长三四寸，却重达百斤，有红的也有白的。它的巢穴很大，绵延三百里，火光旷照，穿云透海，千里可见。火鼠的毛细如丝，捻成线，可用于纺布。纺织成的布帛如霜雪一般，即使染上脏污，也不用洗，只需投入烈火，布帛不燃，而脏污化去，取出后雪白如新。

历朝历代，奇珍贡品

历来崇山峻岭、深潭怪石之处多有精怪，精怪之身多见奇异。古来珍玩异宝，都会被收集起来，进献给君王。

天子富有四海，威慑众邦。一位君王的功业如何、威严几多，常常体现在各方来朝送上的贡品。数量越多，则四境咸服；越是奇异罕见，则越能说明帝王的疆土开拓到了先君们未达之地。

因此，属国和附邦往往搜寻最为珍稀的动植物，献作朝贡。若是神兽和精怪无法存活，则取其皮、毛、骨、角、壳，做成器物或装饰。

周灵王二十三年，渠胥国进献了三个宝物：三尺高的火齐镜、五尺高的玉骆驼、六尺高的琥珀凤凰。最奇妙的是火齐镜，镜中永远亮如白昼，夜间照影也是清晰非常；最宝贵的是琥珀凤凰，琥珀里封着一对保持拥抱姿势的凤凰。凤凰本是神鸟，又有浴火重生的本领，人间难得一见，又何况是这样一个琥珀。至于渠胥国如何得到的，已成永恒之谜。灵王末年，存有宝物的宫殿突发大火，三件宝物均不知所踪。

战国燕昭王在位时，寒山附近的小国前来进献特产黑珍珠。此珠由阴泉底部生长的黑蚌所产。这黑蚌虽长于泉底，却能自在飞翔，经常飞越五座山峰，来去自如。燕昭王对这珍珠喜爱非常，它握在手中能发光，可照出隐身人间的神灵，还能消暑纳凉。

汉武帝时，西成国进献吉光裘一件。此裘由天马吉光的羽毛制成，金光灿灿，入水不湿，遇火不焦。汉武帝对吉光裘喜爱非常，有时还会穿着它上朝。与吉光裘一同献上的还有一种续弦胶，也叫连金泥，颜色青如碧玉，能够接续断开的弓弦。

三国时，辽西海向魏武帝进献了一支珍贵的毛笔，笔管用麒麟角制成。麒麟称得上是瑞兽之首，又有仁德之性，因此这支麟角管是文人的利器，却也示威武而不动武，以仁德为首要。后来魏武帝就把它赐给了他极为赏识的臣子张华。

隋唐时期，更有无数的天材地宝被送入皇宫，奉到帝王们的面前。武则天曾得到西蕃某国献上的青泥珠，据说可将一湖淤泥尽化清水。还有遇水不沉的浮光裘，自行发光的夜明犀，等等。

乘黄

chénghuáng

乘黄原出自青丘九尾一族，却不循着九尾的道路发展，而是走向变化人身、得道成仙的结局。乘黄仅有一条尾巴，通身雪白，装饰着金线。背部生有犄角，卷四分叉，像鹿角的形状。凡人要是能骑上它，可延寿两千岁。

如《山海经》所载，乘黄出自白民之国，非常人能见。其行动快疾如风，身形如闪电划过，又极为灵慧，能识奸恶、辨邪念，凡俗的陷阱是捉不到的。

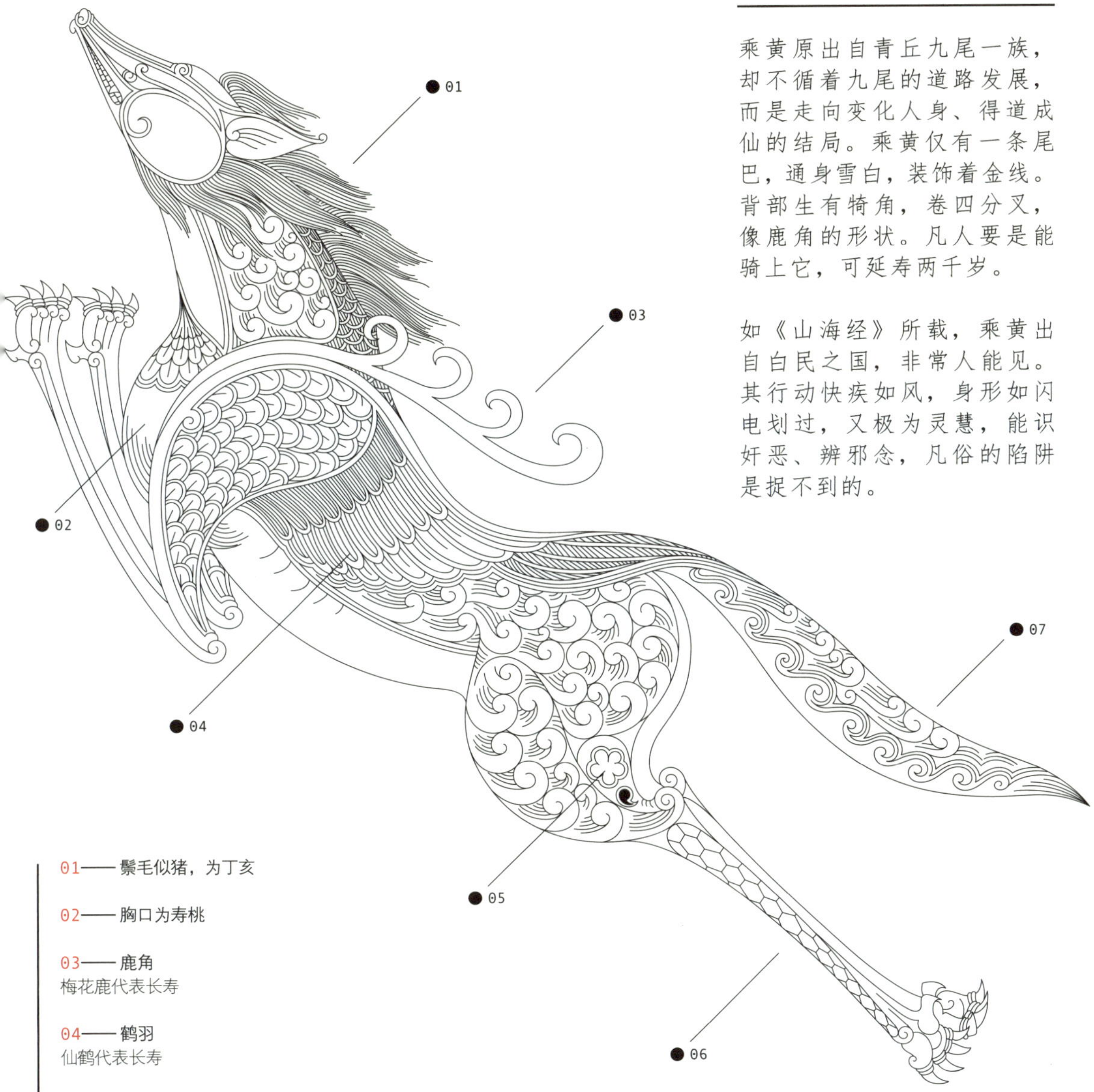

01—— 鬃毛似猪，为丁亥

02—— 胸口为寿桃

03—— 鹿角
梅花鹿代表长寿

04—— 鹤羽
仙鹤代表长寿

05—— 梅花

06—— 松树纹
松树代表长寿

07—— 流水纹
代表细水长流

白象

báixiàng

六牙白象本是截教通天教主座下弟子。在东昆仑三教（阐教、截教、道教）之中，唯有截教奉行有教无类的原则，因此门下弟子多为被毛戴角之辈。白象入教之后，更名为灵牙仙，其元身口中伸出六根长牙，以喻六道轮回。

若其伏下身躯，平摊肢体，则头在坎，尾在离，负阴而抱阳。四肢、头尾、腹部两侧对应八方，与上下相合，正是十方世界。背心中央，睁开洞见之眼，照见十方众生，不眠不休，永无止境。

凡间历劫，封神之战，灵牙仙于万仙阵一役落败，现化原形，为普贤真人收服，沦为坐骑。此后历经千年，也曾出逃人间，与青狮、大鹏聚首狮驼国，阻道取经人。

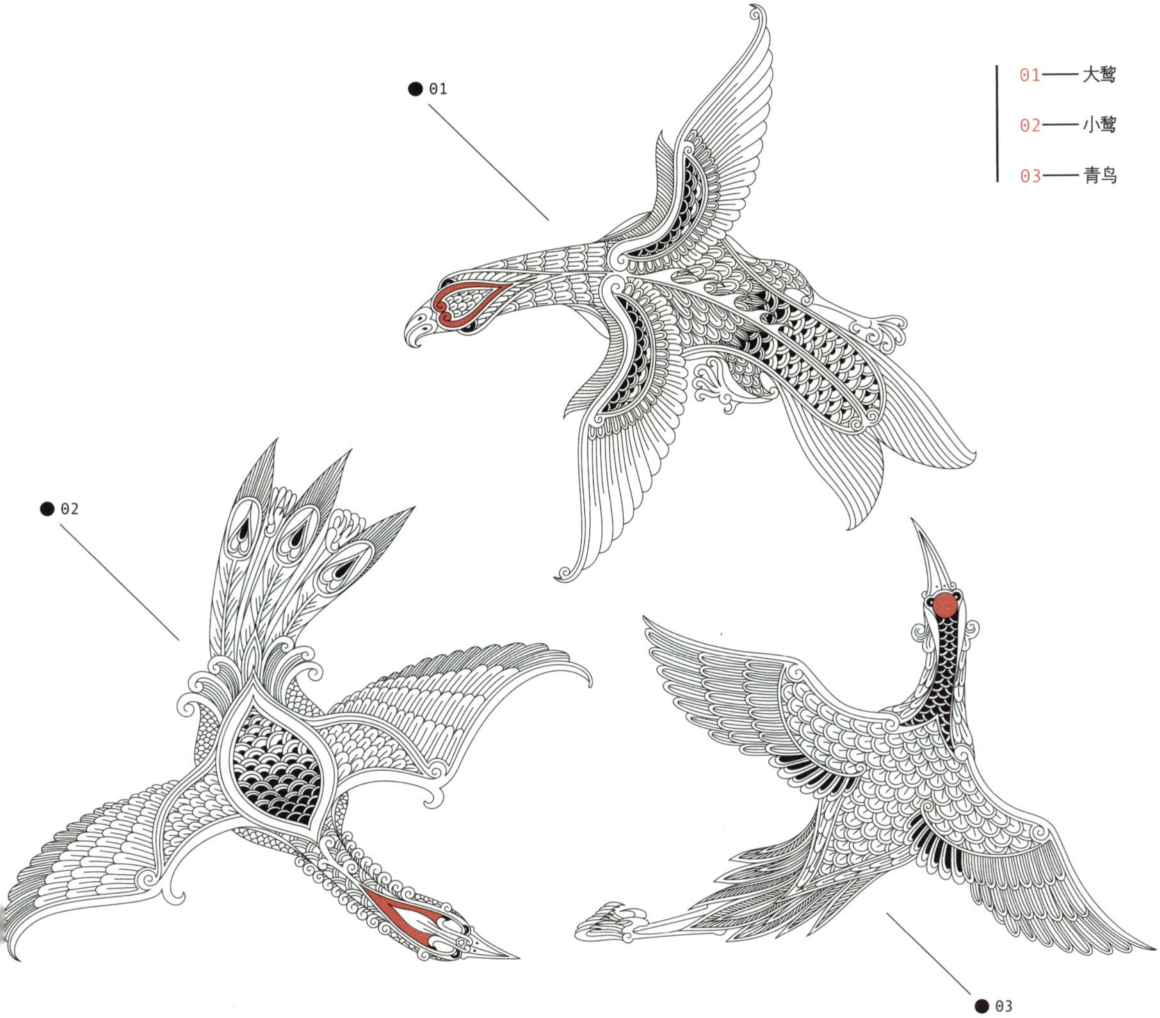

三青鸟

sānqīngniǎo

三青鸟，生于三危之山，迁徙数百里，迎罡风而上，不畏雪霜塞途，至玉山（昆仑山），阆风巅上，俯首于西王母驾前。

三鸟都是红脑袋黑眼睛，一名大鵹，一名小鵹，一名青鸟。

大鵹头似鹰而尾似鱼，爪钩锐利又有猛力，可抓握牛羊而飞；小鵹身似孔雀背有鳞，三尾纤长且带火眼翎纹；青鸟形似仙鹤顶有丹，足肢细长过尾羽。两翅伸展开与身尾等长，为王母取送食馔是它们的职责。

玉山西王母

三青鸟侍奉着的，是大名鼎鼎的西王母。

昆仑山绵延千里，覆盖着数千尺厚的积雪，雪下埋藏着珍贵的玉石。多少仙花异草、古树灵芝都依赖昆仑山的地气长成，全因玉石之中蕴藏了得天独厚的珍稀灵气。如此一来，天下间的修道者，为了获取天材地宝，或者走成仙的捷径，都要来拜见西王母。

西王母披着兽皮，戴着玉座羽冠；长长的豹尾绕在她纤细的腰间，又在她身后垂下；脸庞隐没在虎牙面饰之后，为她平添三分威严、七分肃杀。

她掌管着天之厉及五残，是严厉的死神。她居住的山峰叫玉山，最是盛产玉石，玉本身就是养魂的灵器。昆仑山下环绕弱水，弱水之中乃是虞渊——十日出于旸谷，落于虞渊。虞渊不仅仅是太阳落下、光明收尽的地方，也是一切水流的归处，更是万物轮回的终点。

然而，死神也掌握着不死的奥秘。

夸父追日，不仅仅是为了留住光明，更是追求永生。只要太阳不进入虞渊，那么轮回未完结，生命也就不会结束。

可惜夸父终究没能走进旸谷，也不曾落入虞渊，他渴死在半路上，遗落的手杖化成了一片桃林。这片桃林，正在玉山脚下。西王母接管了它们，在玉山地气和西王母的精心培育下，桃树结出的蟠桃成了延年益寿的灵丹妙药。

凭借蟠桃，西牛贺洲上的诸多仙人每隔百年便要来昆仑山瑶池朝圣，并将西王母尊为瑶池金母，作为诸神众仙的女性首领。其实蟠桃只能延寿，并不能赐予他们永生不死的躯壳，西王母的手中，还有一项秘宝——

琅玕子，通天神木琅玕树的种子，才是制成真正不死神药的原料，举世无双。

古往今来，只有一人得到过不死药，也只有一人吞下过不死药。他不是带领众仙与西王母画地为界、平分昆仑山的神农氏，也不是西行巡游、与西王母订立盟誓的周穆王。只有射日的大羿，不畏弱水和崇山，以勇武和功绩换取了西王母的恩赐。但最终是他的妻子姮娥（嫦娥）吞下了不死药，就此升仙而去，永远守在广寒月宫之中。

01——冠为信
02——项为礼
03——胸为仁
04——腹为义
05——背为智

鹔鹴

sùshuāng

邈邈五方，神凤来降。西降鹔鹴，兵发敌邦。

鹔鹴属西方，它长着鸠喙、圆眼，羽冠似花，颈覆细鳞，肩上盖着蓬松的羽毛，背部高高隆起如龟背，翅膀像铺满天空的云彩。五方神凤缘起东土，帝俊作坛，五行为献，用鸾鸟作牺牲，十字诛仙为法阵，鹔鹴由此诞生。故而身有五符铭记：身义，戴信，婴礼，膺仁，负智。

鹔鹴坚守西极昆仑，起落时身侧追随无数白鸟，如云雾簇拥，仿佛仙境景象。其属性按五行为金，监视金神蓐收。若有风吹草动，则鸣如鹤唳，驱散群兽，争风而上，几乎可以攀云触月，飞往兵祸将至的地方。它会拍动翅膀，掀起萧瑟的悲风；它的目光锐利，可寻见散仙活体吞吃。它的出现在仙人凡界均引起恐慌，昭示着兵燹之祸即将兴起。故曰：鹔鹴者，见则天下大兵。

鸾鸟

luánniǎo

鸾鸟有华美的羽毛，飞翔时体态优雅，鸣叫声悦耳如奏九韶之乐。凡人以为它极似凤皇，或为凤属之鸟，其实不然。鸾鸟的尾羽杂乱纷繁，不是五翎；头像公鸡一样，戴着三叠冠，喙下有垂肉。展翼虽能飞，其羽战战带火星；翅膀背面为阴，色泽青黑；翅膀内侧为阳，华羽金红，尾巴上的长穗之间夹杂着孔雀翎形的羽毛。

鸿鹄

hónghú

鸿鹄身列凤皇九雏之一，尾羽上拖着五根长翎，这是典型的凤属标志。形貌修长似天鹅，曲颈扬首迎天风。

天地三光，谓之日、月、星。鸿鹄一身便具三光：头戴明珠为星冠，背羽为太阴，翅内为太阳。三光合一，雪耀辉煌，正好与昆仑山的颜色相合。昆仑为西极天柱，五行之中属金，山上走兽禽鸟皆天生雪白。鸿鹄诞生于昆仑，应和西极之风，导引阊阖之门（西方之天门）。

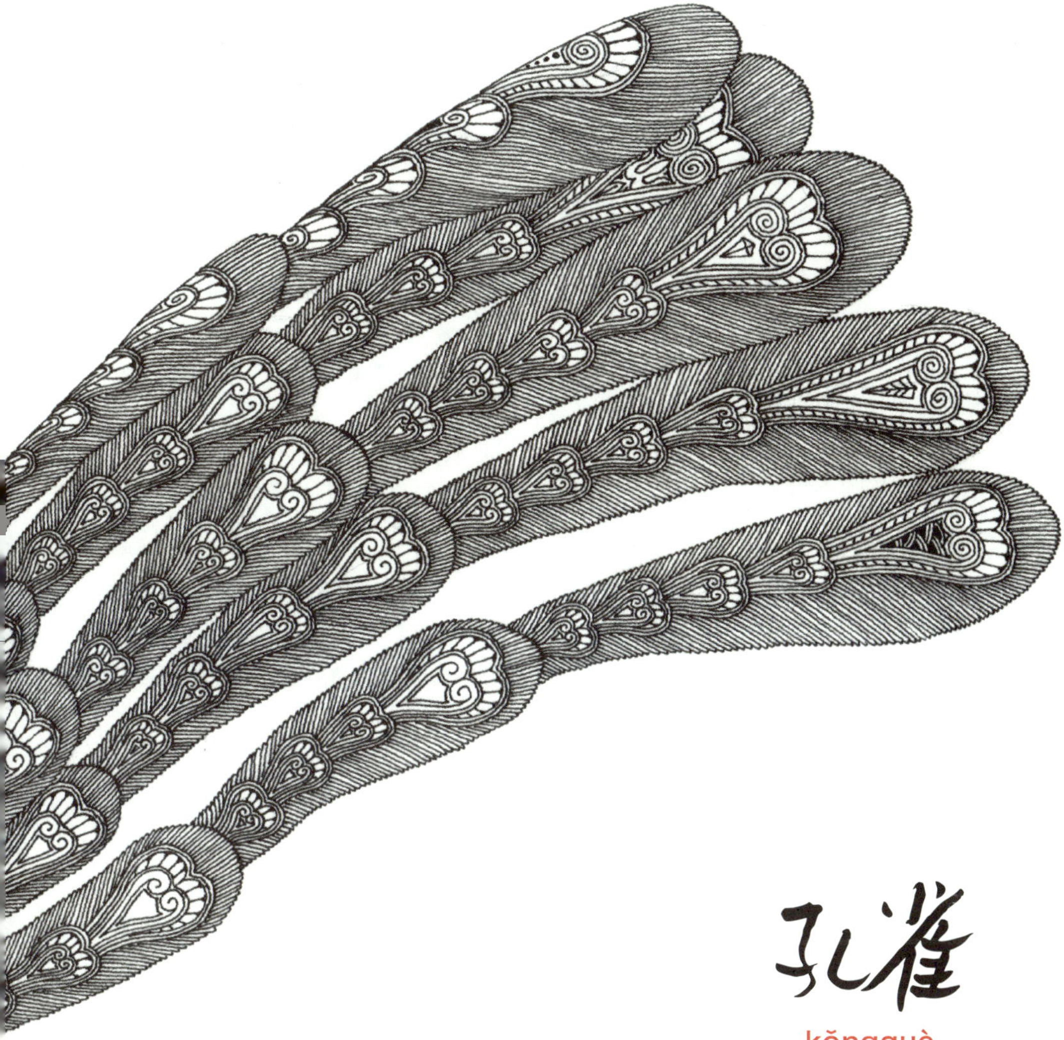

孔雀

kǒngquè

人们只当孔雀是凡鸟，却不知它出身高贵，是凤皇的孩子。身虽堕入凡间，仍然保有凤属的姿态。金翠艳丽的外貌下，是自矜的性情，爱惜尾羽甚于性命。它也曾变化人形，卷入殷周的交战，被接引道人所降伏，现出五色灵光，匍匐于莲台座下，最终成了“孔雀明王”。

执名

zhímíng

执名大陆，是北方的魔居。什么是魔？与神、仙、人为敌的便是魔。曾有五帝，掌自然五行之力，欲打破一切秩序，使世界归为混沌，所以被秩序的守护者称为魔，视为劲敌。

这片大陆的山水并没有什么特殊之处，生物却与别处大有不同。多为魔所制造，而非自然所生，即使同类生物之中，外形、习性也各有不同，这便是魔者们心思流转不定的证明。

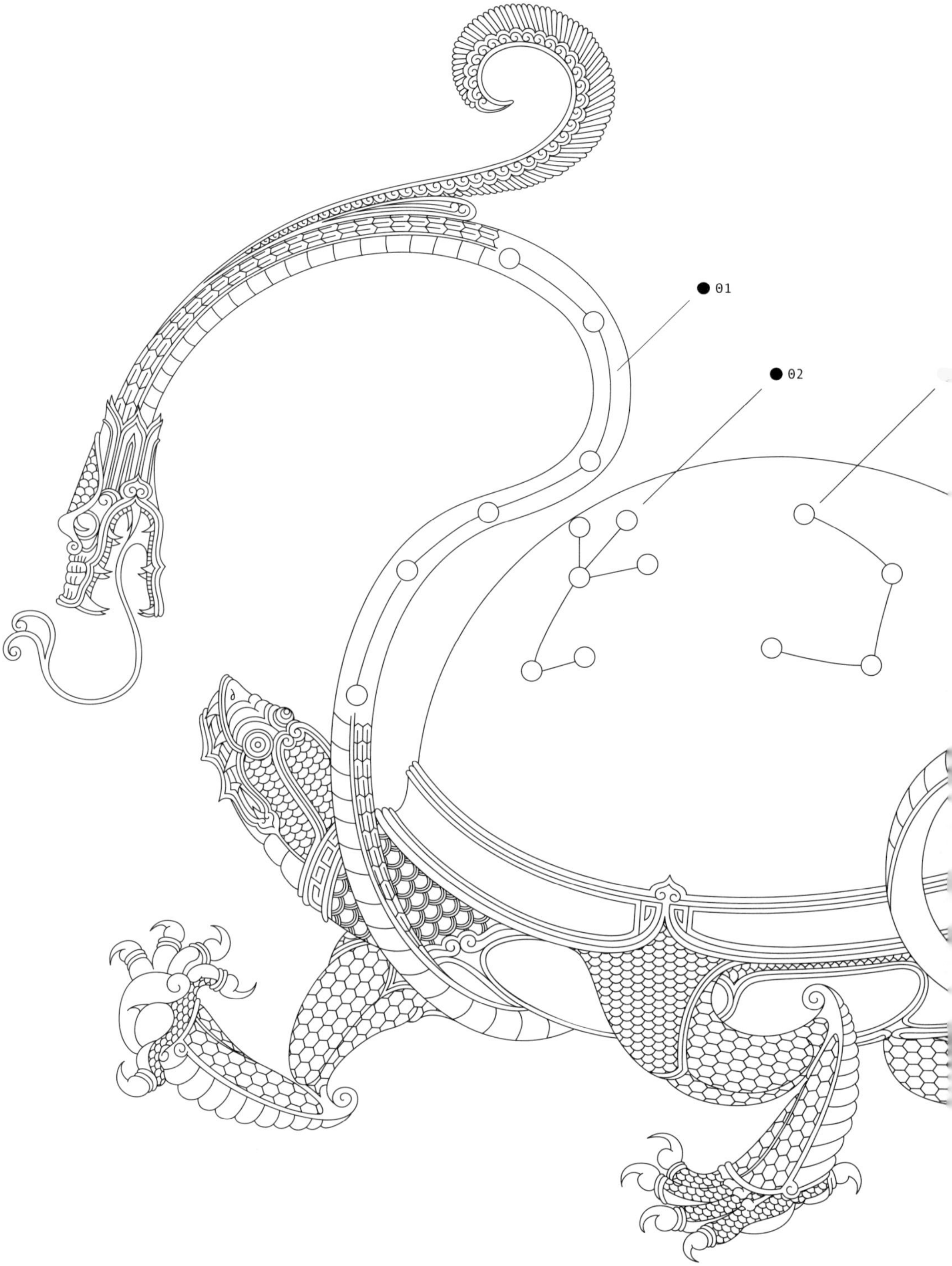
01
02

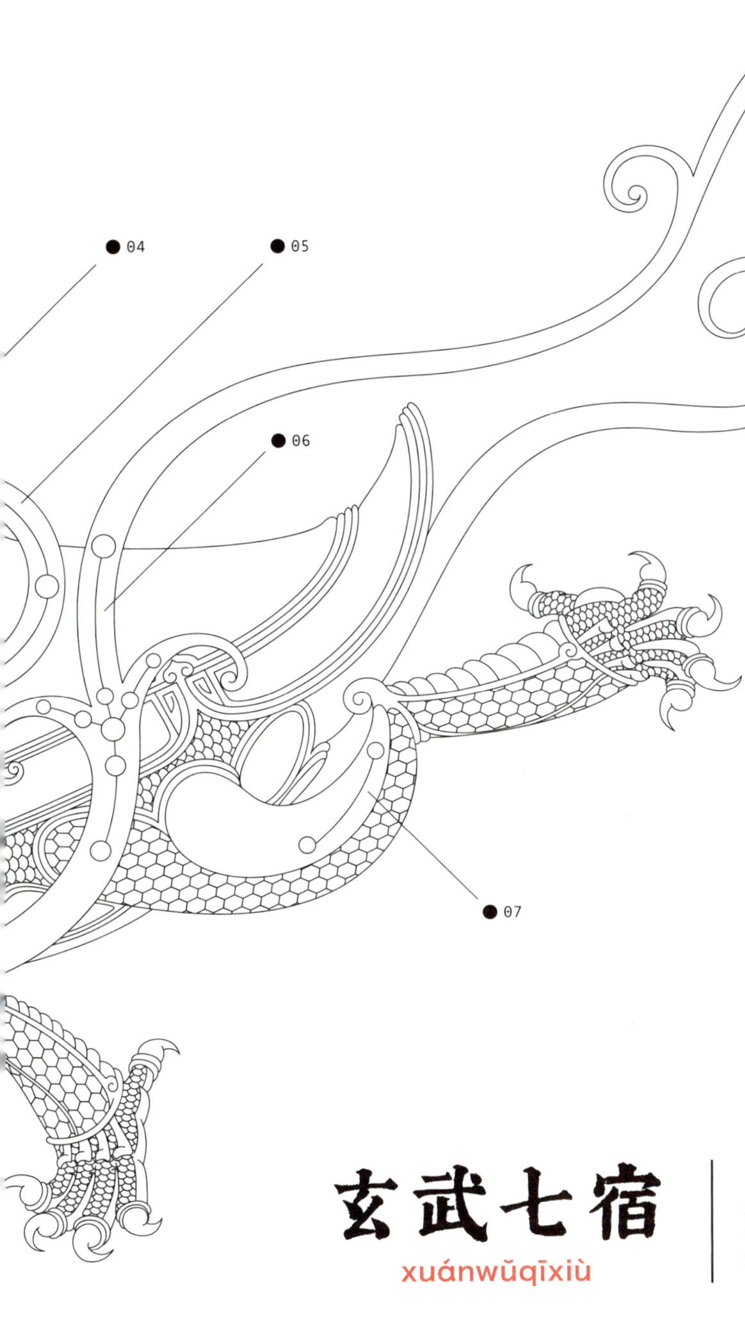

01 —— 斗木獬

02 —— 牛金牛

03 —— 女土蝠

04 —— 虚日鼠

05 —— 危月燕

06 —— 室火猪

07 —— 壁水貐

玄武七宿

xuánwǔqīxiù

“玄武七宿”被神化为“执名星君”，“执名星君”对应着“北俱芦洲”大陆，因此后者被称作“执名大陆”。荒野丛林皆以斗、牛、女、虚、危、室、壁七大星区为参照，由此七位星君护法。

斗木獬

dǒumùxiè

牛金牛

niújīnniú

女土蝠

nǚtǔfú

虚日鼠

xūrìshǔ

危月燕

wēiyuèyàn

室火猪

shìhuǒzhū

壁水貐

bìshuǐyǔ

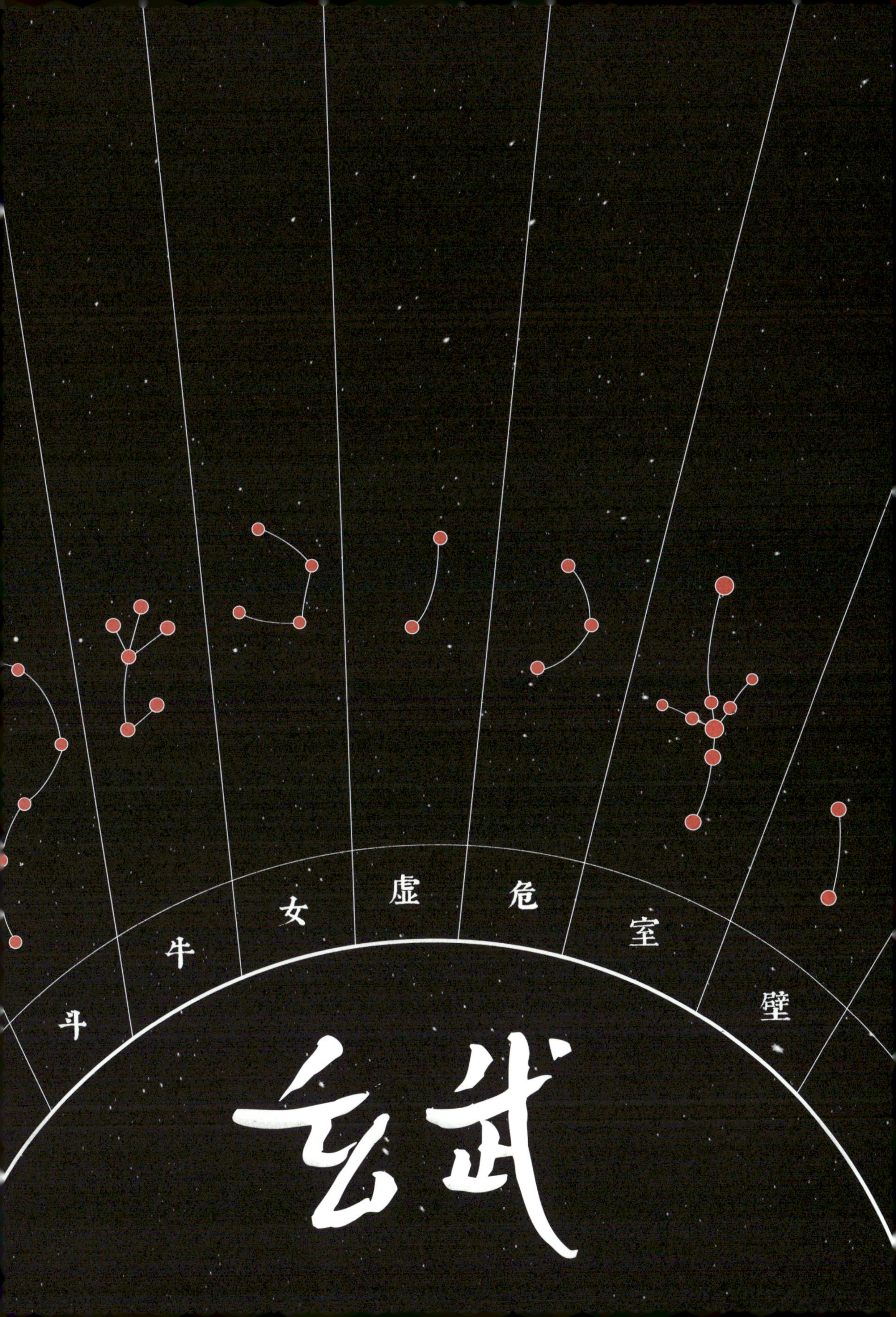
斗
牛
女
虚
危
室
壁
玄武

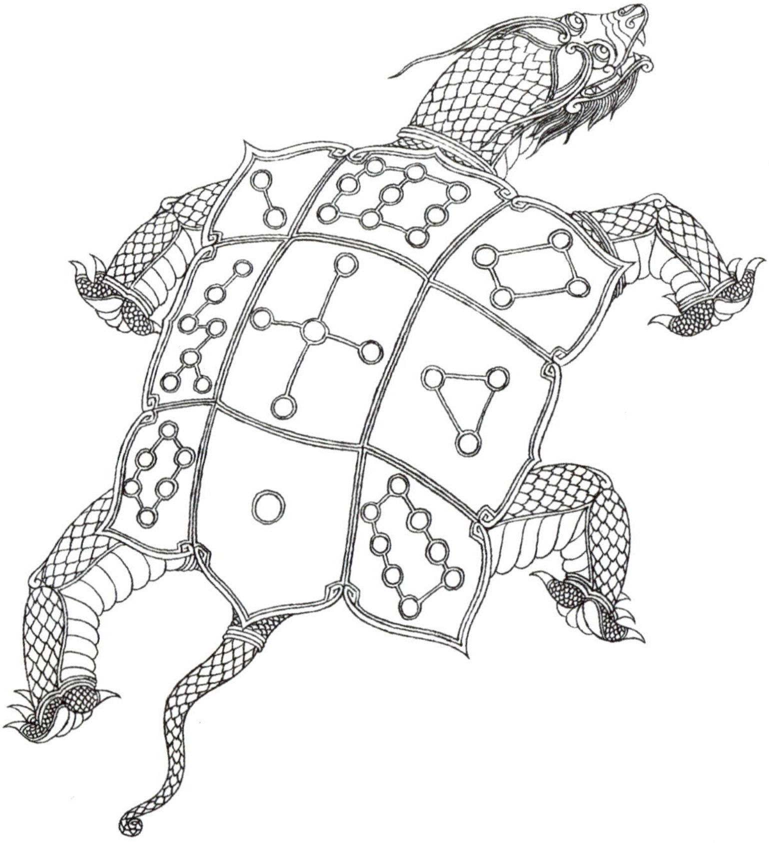

玄龟

xuánguī

玄龟，洛水水神使者。背部分成九块，将铭刻在背的点以线相连，便是洛书。龟颔下有印，用古篆字刻着九州山川的名字。此龟曾协助大禹平息水患，在开凿河道的地方背负泥土。禹王感念，钦点玄龟寿数永续，绵延无断绝，名之为“沧海巨灵”。

洛出书

《周易》有云："河出图，洛出书，圣人则之。"

河图为十数，洛书列九宫。

洛书与河图同为天地奥秘的集合，也同样是数字的游戏。从一至九，排列成九宫格，二四为肩，六八为足，戴九履一，五居中央。无论横斜竖直，总数都为十五。此数与易卦相合，阳爻数为九，阴爻数为六，正是十五。

传说大禹治水时，有玄龟从洛水浮出，为大禹负山开道。玄龟的背上正分九宫，以点线刻画，似是古时记事的绳结，又如断断续续的短线。大禹将这些点和线记录下来，以此著成《洪范九畴》，是治理天下的大法之基础。

九宫之位，定下了明堂九室的排布方式。除却中央之位以外，又与八卦、八风、八政、八物等事物相对应，将天文、地理与人事通过数字的变化对应起来，圣王由此能够推算万物的生灭轨迹与人间的离合聚散。

河图与洛书，二者交相辉映、互为表里。"河以通乾"，故而建马临于天河，为天文历算之图；"坤吐地符"，所以玄龟浮出洛水，作九州地理之书。河洛之地，本就是文明的源头，古人上观星宿、下察地势，虽蒙昧浑噩，也知道顺势而行，不违自然。多少玄妙之事，其实就在数字之中：一为点；二为线；三为面；四为体；五作中宫，贯通天地；六合勾股，扩生宇宙；七为断绝，亡灵寂灭；八为相悖，分开日夜；九为尽头，万象更新。

一笔一画，沟通天地与古今。在文字出现之前，恐怕就是这些绳结和划痕，传达着天、地、人、神及时间的道理。只是今天的我们已经读不懂了，只好把它们看作古奥的密码，穷其一生去寻求解答。

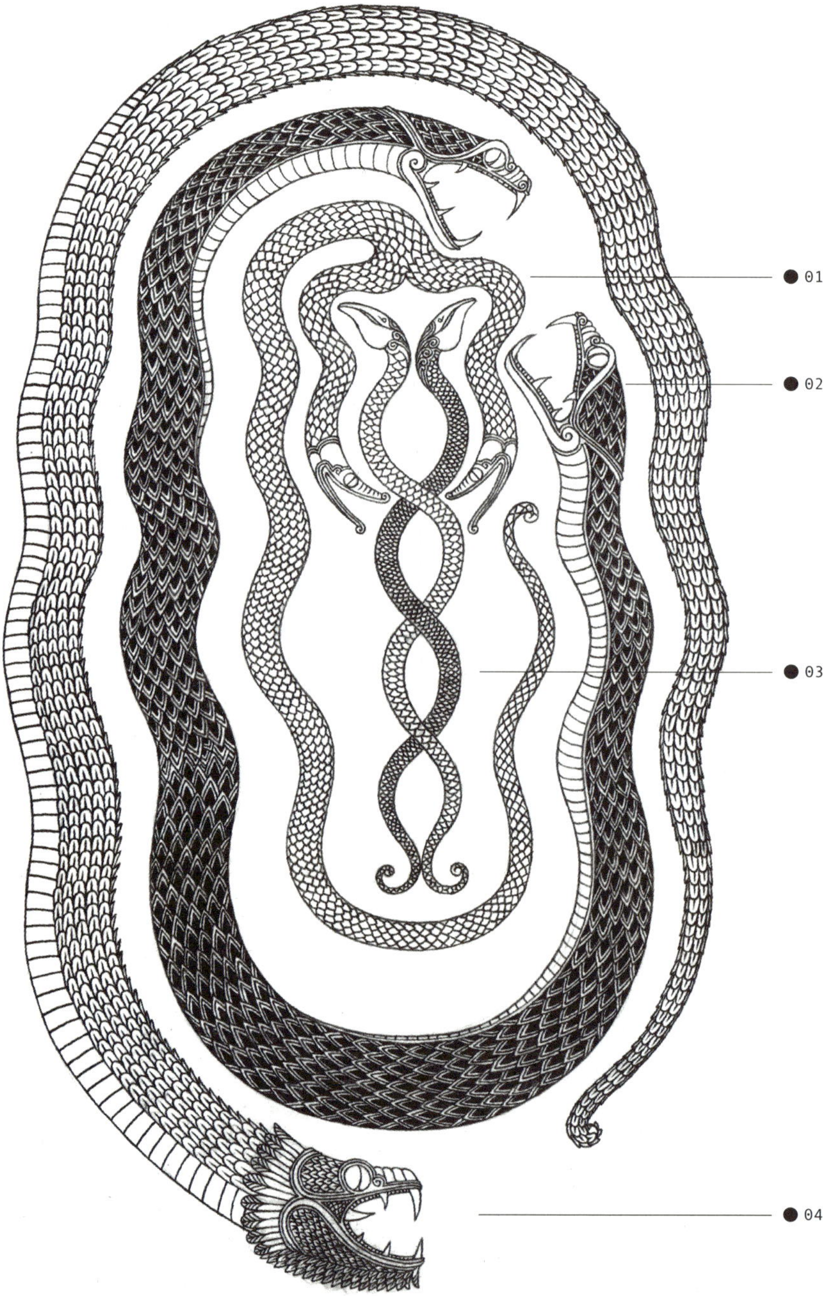

灵蛇谱

01 —— 双头蛇
双头分叉带剧毒，奇形变种有魔灵

02 —— 虺
左右有首名曰虺，争食交斗头相残

03 —— 青蛇、白蛇
青蛇白蛇相交缠，化作人形求仙缘

04 —— 羽蛇
以羽代鳞飞蛇身，巡天遨游降甘霖

北海海兽谱

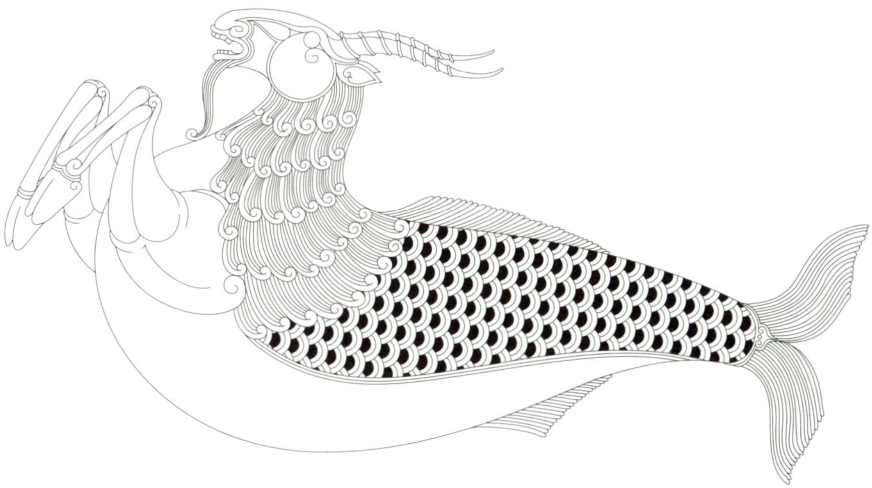

摩羯（羊）

mójié

羊首鱼尾摩羯宫
水神座下怀济世

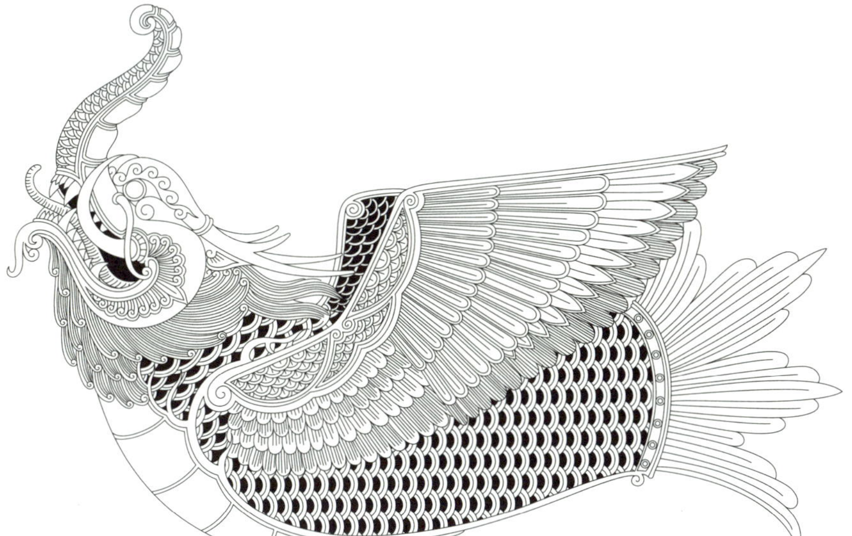

摩羯（鱼）

mójié

象鼻龙角摩羯鱼
海中吞灭诸梵界

海马

hǎimǎ

海马亦称落龙子
鼓浪翻涛可通天

螭吻

chīwěn

水精螭吻立屋檐
喷浪为雨辟火烛

狎鱼

xiáyú

狎鱼兽头有神圣
乘雾攀云行九野

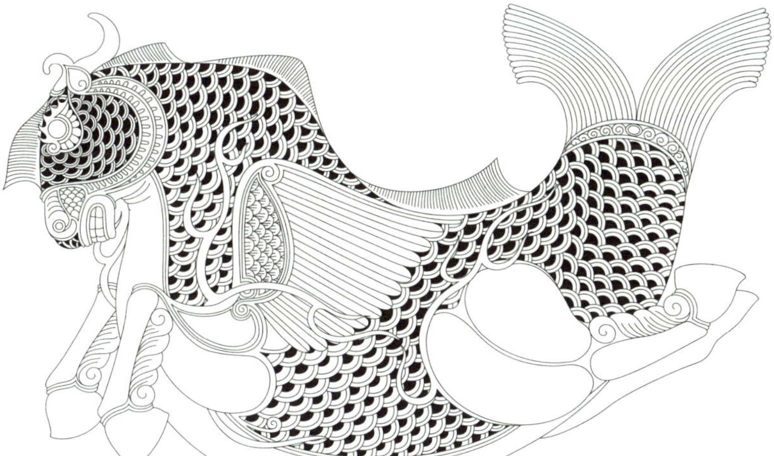

斗牛

dǒuniú

斗牛戴角生溪上
虬螭相争召霹雷

鲛人

jiāorén

海中鲛人织绡纱，一尺龙纱值百金。鲛人居住海中，多在乱石暗礁丛生之处。下身为鱼尾，上身则似人，腹背手臂均有鳍，游行急速可追龙。

鲛人有男女之别。男捕游鱼女织绩，戴珊瑚为冠。眼下纹路如泪线，银光烁烁。鲛的眼有双层睑，海水不侵，因此在水下哭泣，眼泪无法凝成珍珠。每到月明时，鲛人成群上浮，或坐或卧于礁石上，幽幽放歌，情到之处，洒泪成珠。

南海畔有蛇市，为龙绡交易之所。鲛人上岸，曝于日光之下，鱼尾就生出双腿，岸上人呼为泉客。鲛人曾投宿凡人屋室，道别时，向屋主索要一个陶盘，哭出眼泪，落而成珠，跳落满盘，以此相报数日厚待。

人鱼

rényú

人鱼有鱼的身体和人的面孔。颊后露出鱼鳃，无耳廓，不能听音；虽然有口，却不能说话。终日浑浑噩噩，群聚而游，没有方向。

人鱼一族数量众多，遍布湖海江河。在河里的称为互人，海里的则为氐人。南海外有氐人国，那里的人，鱼身无足，在建木之西，终年悄然无声。圈在礁岩围场，只有天河倒倾、飞瀑而下之时，氐人方能奋劲逆流而上，甚至缘建木而上，远离囹圄，脱去鳞片的桎梏，重新化为四岳之族。

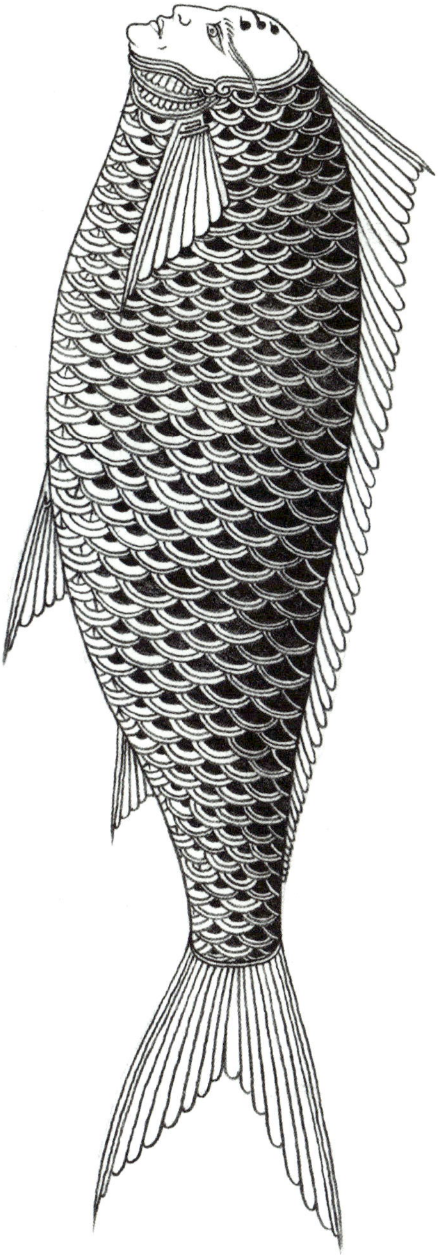

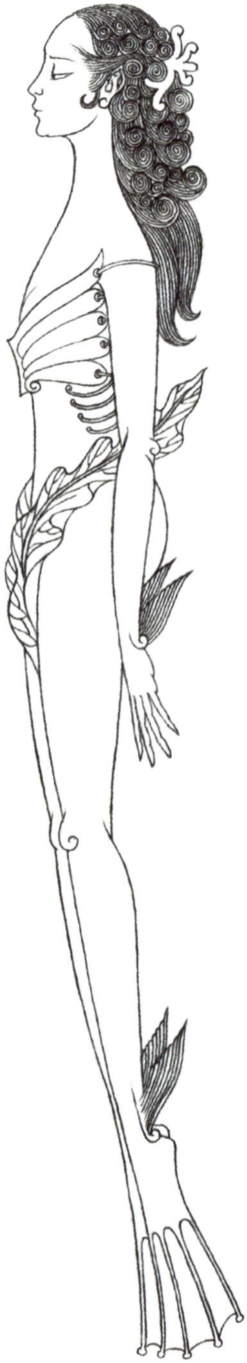

海人鱼

hǎirényú

海人鱼，渔民多呼为江黄。

江黄祖居东海，形貌昳丽，像美丽的女子，无显著的雌雄区别。江黄没有鱼尾，而是分开两条脚腿，手脚指端都有蹼。眉目口鼻均与凡人无异，唯有身体纤细、四肢修长，与水流相适应。海人鱼性情温顺，不伤生灵，取珊瑚海藻为装饰，很少穿衣。

与鲛人不同，江黄一生都生活在海中，从不离水。有时乘海潮游入江河，潮退时未及回转，于是暂居湖泊池沼，等到海潮再起，终要归还大海。

沿海之民常于涨潮前在沙滩上作鱼篭，来捕获海人鱼，但并不伤其性命，而是饲养在屋后水塘中，或卖作赏玩之物，或横加凌辱。江黄不通人言，如果顺着水流脱逃，则无事端。如果不堪忍受被折磨致死，便化为污泥，遍传疫病，以示报复。

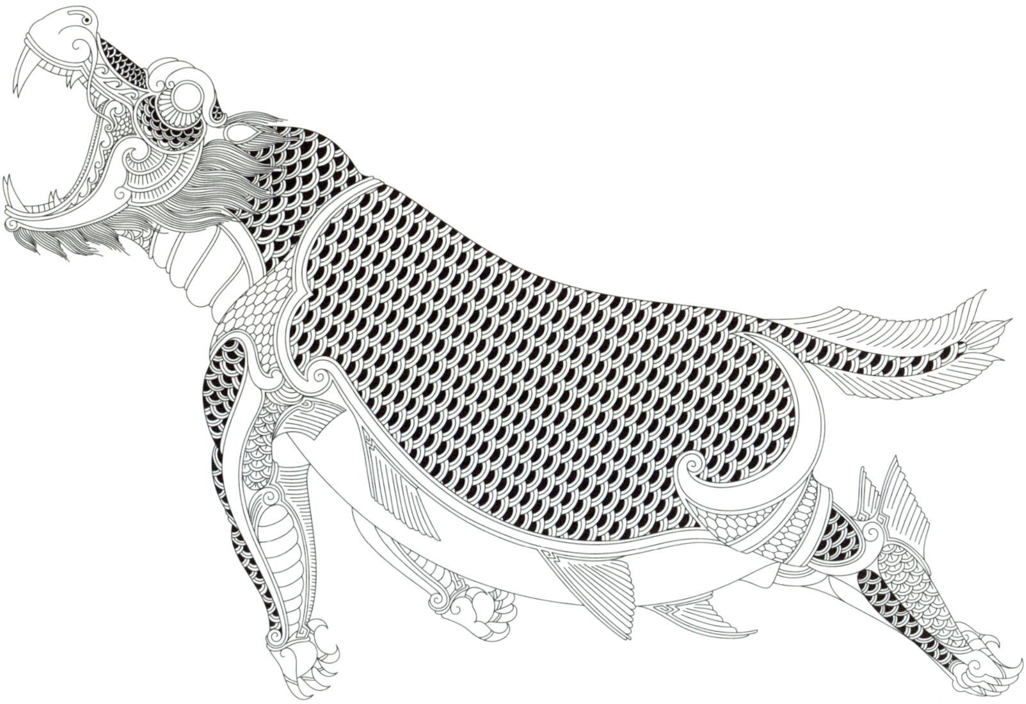

避水金睛兽

bìshuǐjīnjīngshòu

金睛兽以眼含金光得名。它的身躯硕大无朋，像犀兕却没有角，如河马又覆着鳞。粗脖颈大口，长着尖锐的长牙。腹部柔韧，饱食后变得浑圆。脸上长着髭须一样的鬃毛，尾巴上带有软鳍如箭羽一般。它的腿短小，无力支撑躯干，在水下行走同游鱼一样自在，上陆地则迟缓费力。

金睛兽懂得避水之法，眼如明珠放出光束，可以探测幽深的水域，辨别暗礁岩洞，驱逐鱼群虾蟹。但不可为阳光照射，否则便如失明一般，只能依靠嗅觉寻路。

金睛兽一族以捕鱼为生，口裂极大，能吞尽鱼群；在水下也能聆听嘶吼，接收命令。所以各路妖仙魔王和修行之士，纷纷搜捕此兽，驯化为水府坐骑。

01—— 彘头

02—— 凤鸟纹

03—— 雷云底盘蛇纹

04—— 豕头

05—— 饕餮纹

06—— 牛角形纹饰

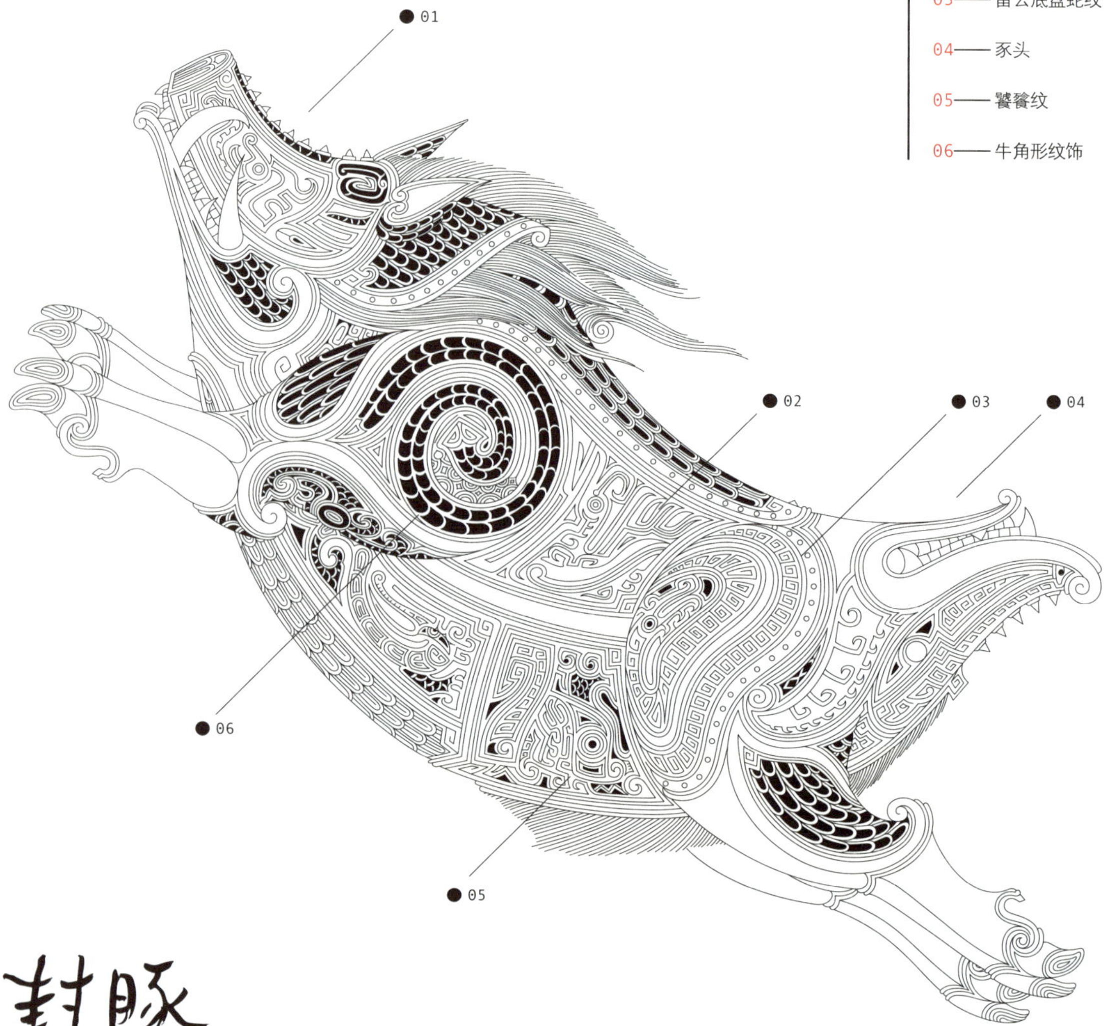

封豚

fēngtún

传说之中，封豚为怪，跻身于大羿所擒杀的六凶兽之列。封豚在典籍之中，还有几个别名，如封狶、并封、狶韦氏等。其状如巨型野猪，前后各有一头，而无臀部及尾巴。

前头为彘（野猪），后头为豕（家猪），一个向天，一个朝地。若有危难，调头翻身，换足而行，没有摔倒翻覆的窘迫。

身上裹着全副青铜铠甲，如战士武装、猛将带盔，全身刀枪不入、水火不侵。铜甲遍布铸纹，如盘蛇、飞鸟、牛角、饕餮，均为九黎诸部的徽记。封豚属水，其色青黑，仰头嚎鸣则天降暴雨，冲垮山林，漫溢江河，成为良田村寨的祸殃。直到大羿现身，逐封豚于桑林，终于一箭将其射杀。

蚣蝮

gōngfù

蚣蝮长得像鼍龙，水陆两栖。晴时在水，雨前浮出，望着黑云霹雳，鼓腹而鸣。它的形状像鳄鱼，盘起来又像犰狳。身躯颀长而尾巴纤细，末端似箭羽，四足带鱼鳍，爪钩如雕禽一般尖锐，能穿岩裂石。

它的头似狼，卷鼻裂口；牙如刀锥，角出眼后；颈部四叠翻甲；背鳞细小闪光；唯有腰后七星棘突出如背鳍；而腹甲板结平铺。腹背鳞甲坚实无比，甚至影响蚣蝮的骨骼生长。

羽龙

yǔlóng

五方山川有异，风物不同，龙禽形貌亦有参差。

北海和羽音相配，敖顺为首领，这一龙族便称为羽龙。它们屯兵于明堂与执名大陆之间，其地寒冷荒凉，龙形纤小如细犬，坐卧跑跳皆似灵兽，而非蛇类。

羽龙好飞，常在冬夜腾起。北域有漫漫极夜，阴寒无光，羽龙便随衔烛之龙自海中升起，鳞光微闪，划开永夜天幕，留下蜿蜒痕迹，缓缓落向地面。北境之人，指而唤为极光。

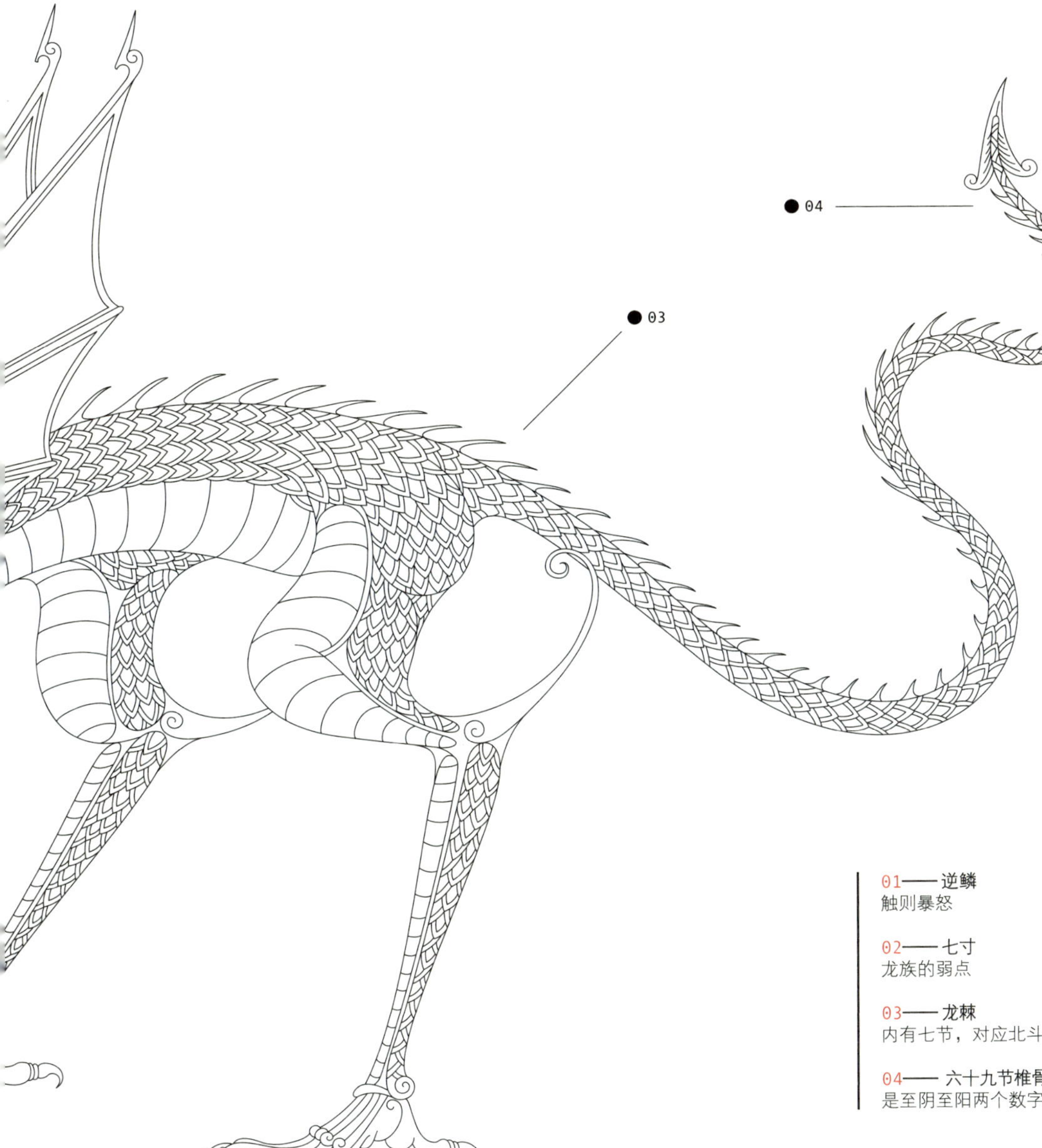

01—— 逆鳞
触则暴怒

02—— 七寸
龙族的弱点

03—— 龙棘
内有七节，对应北斗七星

04—— 六十九节椎骨
是至阴至阳两个数字的结合

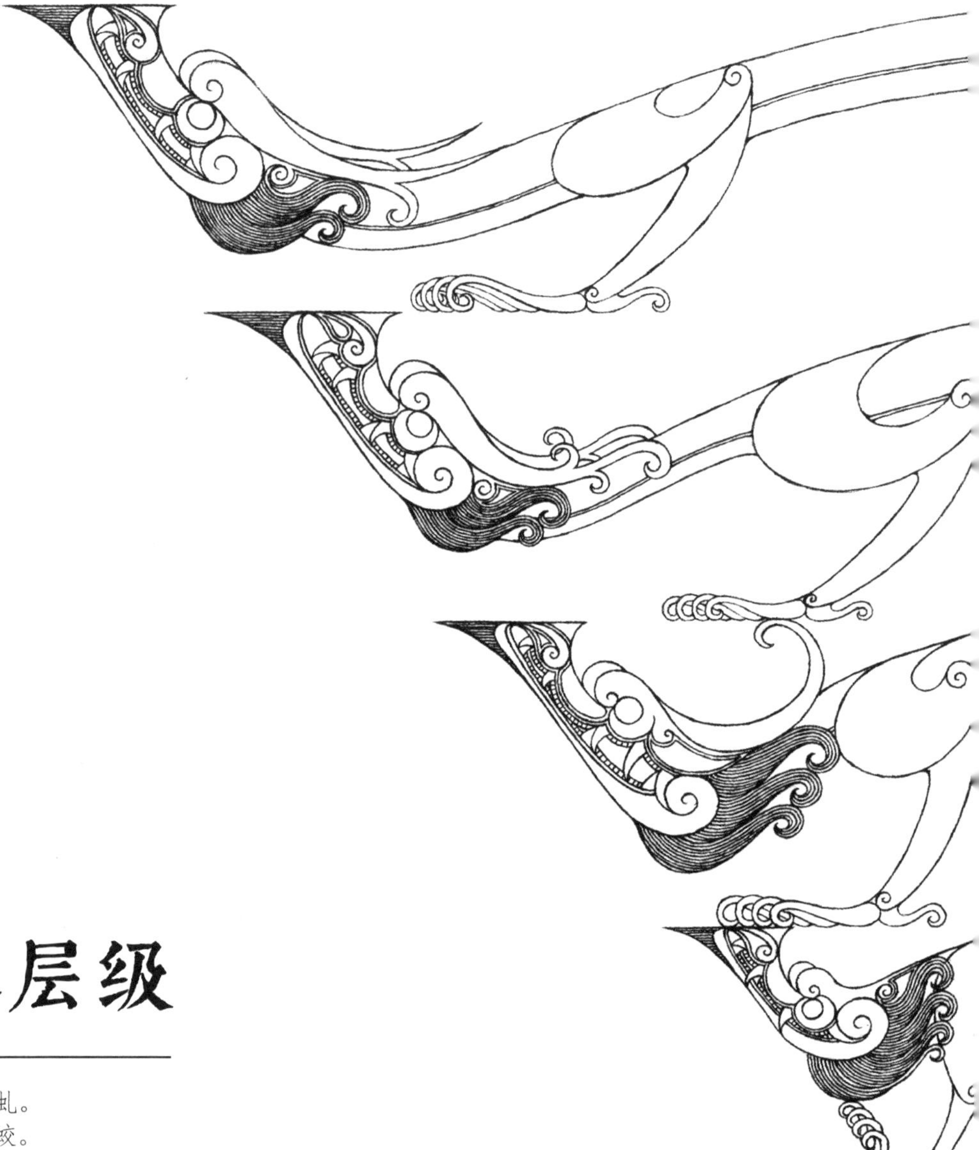

龙之层级

初生无角者为虬。
顶生一角者为蛟。
双角并举者为龙。
两端有首者为虹。

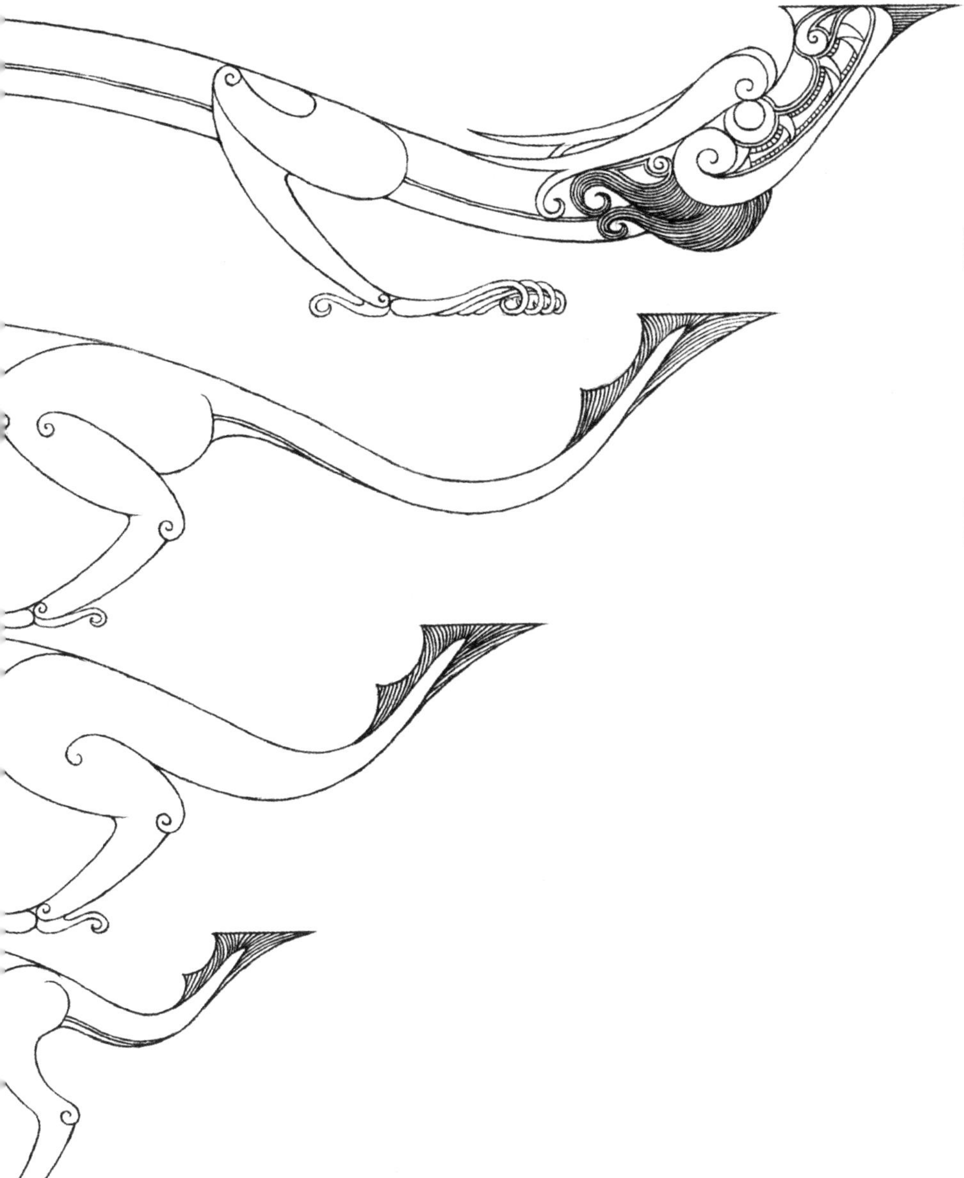

虹

龙

蛟

虬

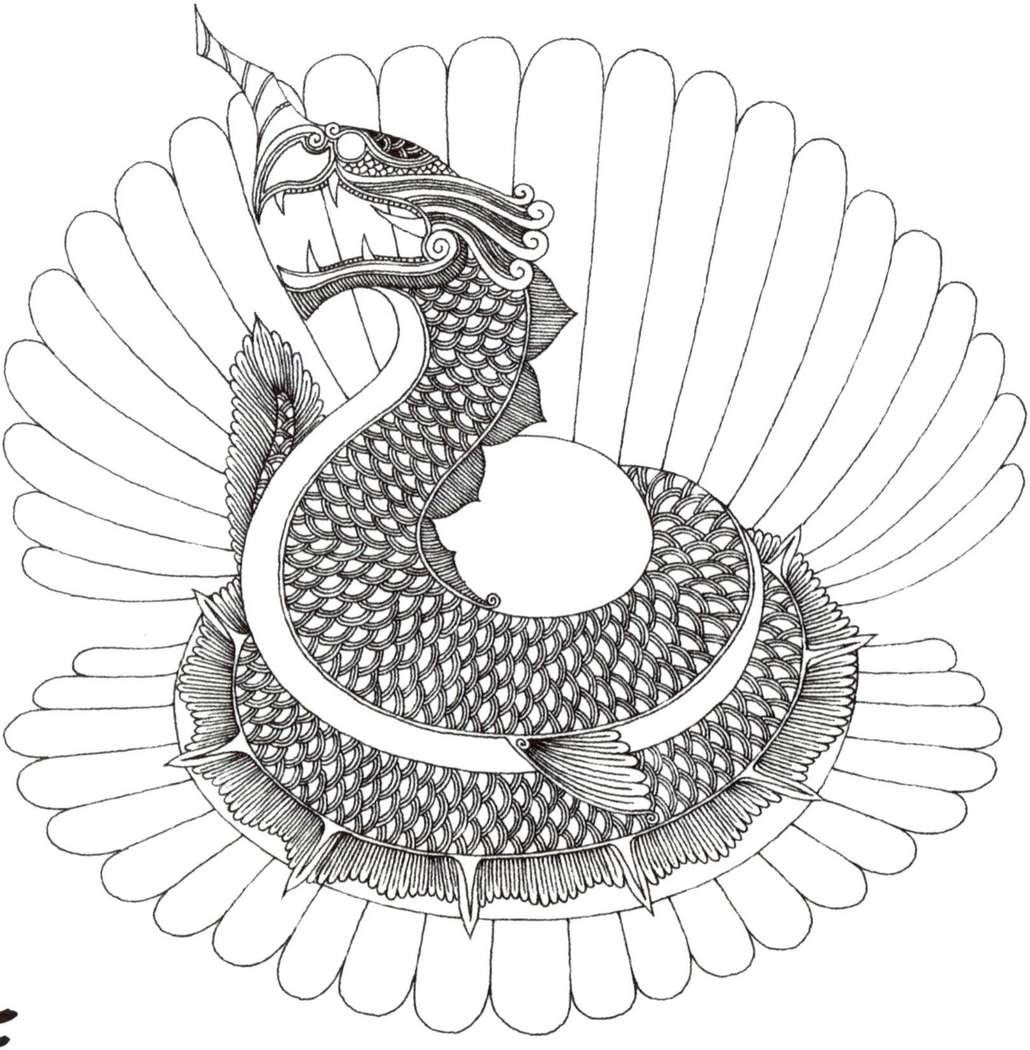

蜃

shèn

蜃为海中的大贝壳，浮在波涛间，潜入泥沙下。风平浪静时隐匿不现，海面薄雾时方显身姿。蜃之神怪，在于制造幻境。

月光为水之精，能滋养水兽的灵力。蜃性含水，能吐云气，云气蒸腾而上，在空中凝聚为琼楼玉宇、市集人家。海上行船之人见到，误以为仙境大开——其上人来人往，俱在半空，乃是天人驾云。或有人存了一探之心，转舵扬帆，往那幻境中驶去，却始终不能触及一二，反有迷失方向、失陷于浪涛的危险。于是便有了“海市蜃楼”的传说。

夜叉

yècha

凶恶迅捷身如鬼，天众眷属护法神。夜叉样貌十分丑陋，形貌各异，或多手多眼，或多足多头，獠牙探出，如剑刃一般尖锐。虽然有地狱、虎狼、蛇蝎诸般毒咒，却执掌正义刑罚，驱逐世上的负罪之人，使之接近恶兽，或命丧于血口利齿，或作茧自缚，头足相就，悬于烈火之上。

无论山谷、海中、云外、树林、庙宇，都有夜叉驻守。它们伴随神佛、天人、菩萨、罗汉、龙王，是忠诚的护卫，也是得力的助手。正是：应号令能作兵降魔，奉御旨可分浪巡海。腾空飞行来去无影，潜下地府捉鬼听判。

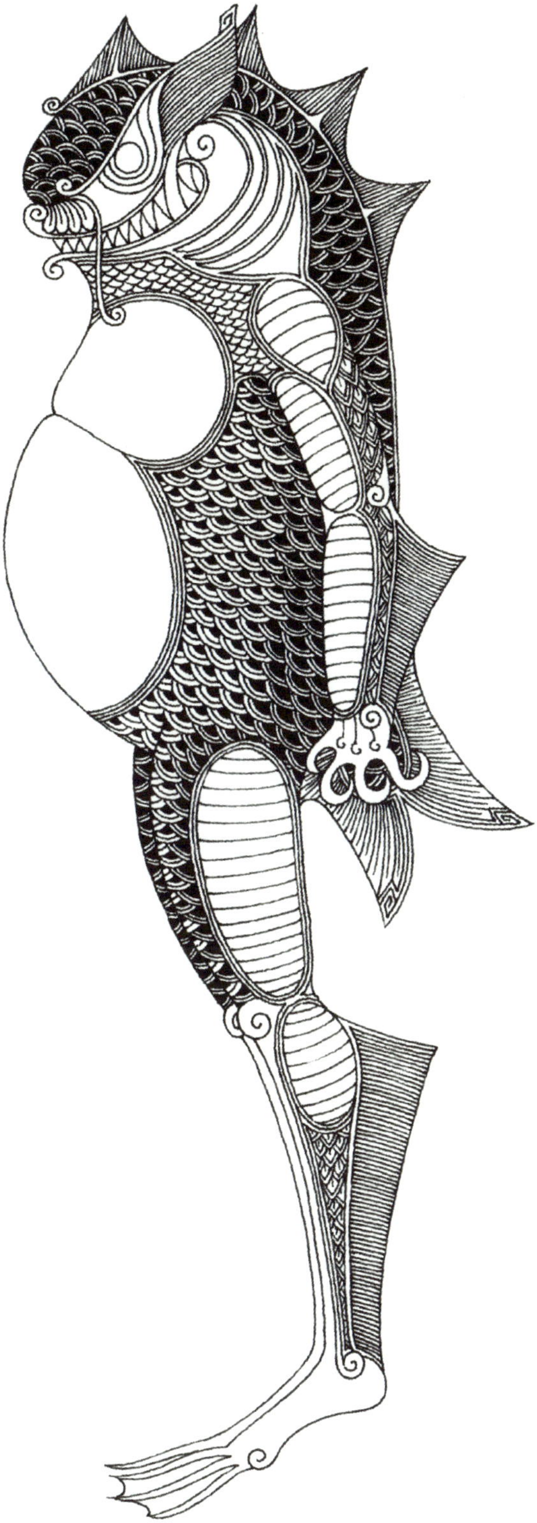

相柳

xiàngliǔ

共工之臣曰相柳氏，九首，以食于九山。相柳之所抵，厥为泽溪。——《山海经·海外北经》

行什

hángshí

行什破格坐屋脊
手握宝杵护宅基
人面威严持公道
形似灵猴带双翼

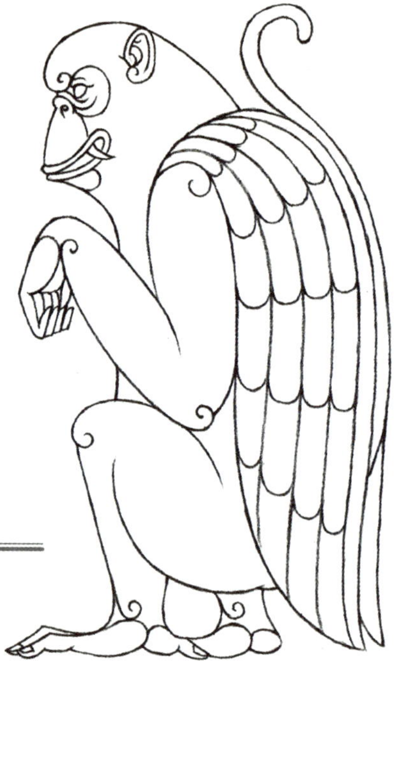

飞猴

fēihóu

翡翠幻界有奇猴
生来有翅貌丑陋
生性不驯闹不休
囚于金冠非无由

天下神猴录

哈奴曼

hānúmàn

源起天竺传说里
风神之子立功绩
奉主至诚心可鉴
精通变化破强敌

雷鬼

léiguǐ

天庭使者状如猴
上下青黑身佝偻
腰带木楔与金斧
暴雨惊雷降神州

翳鸟

yìniǎo

翳鸟又名天鸡，传说为五彩之鸟，飞时遮蔽一乡，翼若垂天之云。

头似鸡，戴三云肉冠；喙短，啼声似苍鹰急掠；身窄，如穿云破风之箭；尾宽，扫尽流霞万里光。伸开双翅，如开层层帷幕，遮蔽日月。飞临之时，天地无光，下民仰望，不知日月何在，只道永夜到来，伴随大风肆虐。

东夷二十二部之中，有长臂之国，把翳鸟文在臂上，以示继承神威。帝俊曾以翳鸟为牺牲，造幽昌神鸟。故而幽昌所到之处，便有天寒地冻的永夜之劫。

01—— 冠为信
02—— 项为义
03—— 背为礼
04—— 胸为仁
05—— 腹为智

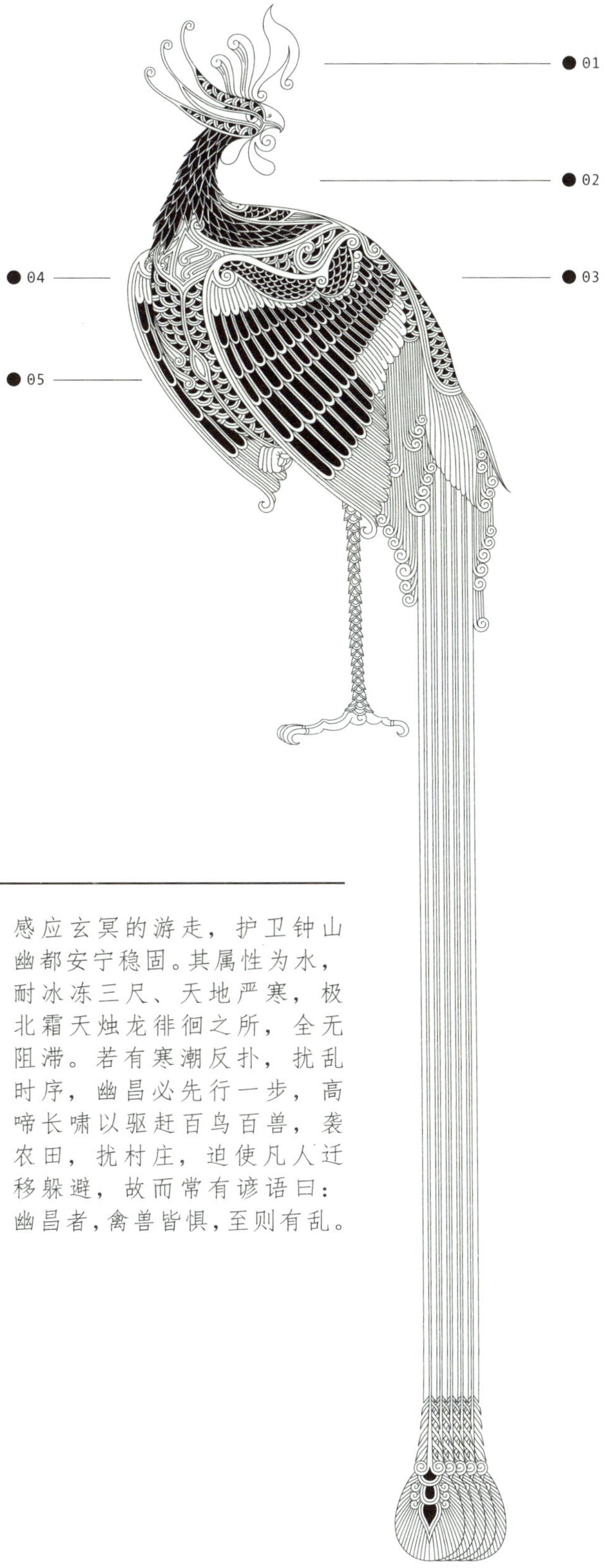

幽昌

yōuchāng

幽昌属北方，其状头小目锐，羽冠高耸，身硕而细足，胫若鳞叶层叠，翅膀短圆，尾羽如垂钟摆。五方神凤缘起东土，帝俊作坛，五行为献，翳鸟作牺牲，五星为法阵，幽昌由此诞生。故而身有五符铭记，是为：身智，戴信，婴义，膺仁，负礼。

幽昌形貌虽恶，亦有善举。访遍八荒六合、仙岛灵山，感应玄冥的游走，护卫钟山幽都安宁稳固。其属性为水，耐冰冻三尺、天地严寒，极北霜天烛龙徘徊之所，全无阻滞。若有寒潮反扑，扰乱时序，幽昌必先行一步，高啼长啸以驱赶百鸟百兽，袭农田，扰村庄，迫使凡人迁移躲避，故而常有谚语曰：幽昌者，禽兽皆惧，至则有乱。

鸑鷟

yuèzhuó

岐山鸣凤，昭示着周兴商衰。朝代更迭之战惨烈收场，殷都星楼付之一炬，百年荣耀埋沉废墟。一切的起始，就源于鸑鷟的三声长鸣。

鸑鷟为战神鸟，形似鹗，锐眼坚喙，尾似利刃根根分明，翼展如开秋水弯刀，顶上八缨环立目，照世万般无遁形。披一身绛紫带雪尘，所指之处皆披靡，高踞飞檐放天声，冷看亡鸦渡荒城。

01—— 头顶正中有立目

鵔鸃

jùnyì

头似鹦鹉，戴火冠八轮；两翅高启有螺纹，身体滚圆羽如鳞；五翎细长延拖尾，末端收紧悬似针。

凤属之鸟各有奇能，鵔鸃主司官禄，点册上文臣武将名姓，书生折桂入蟾宫，将军平步上青云。此神鸟生下来没有脚，一生逐光而飞，永无驻足时刻。仕途中人争相寻觅鵔鸃飞行时落下的毛羽，插在官帽一侧，象征一世为荣耀所眷顾。冠羽纯赤者最佳，尾羽有眼纹者亦佳，其余毛色赤金斑驳不拘，仍受世人青睐。汉时最盛，云：鵔鸃羽饰冠，东海贝饰带，郎官也。

玄鸟

xuánniǎo

殷商王朝辉煌显赫，缘起于天降玄鸟。其身形如雨燕般矫健，尾羽似利剪两分，割破天上层云，划开流风细雨，落下天池石畔。帝喾次妃简狄以框覆之，玄鸟遗落两枚燕卵而隐没无踪。简狄把玩而吞之，生契，始有殷商之先祖。

殷商举国崇敬玄鸟，不仅因为它是祖神的使者。玄鸟位列凤九雏之首，光耀似凤，戴高冠、披青羽，身形对称，不偏不倚，如商字高立，金瓯永固。在更久远的时代，东海羲和之国，浴日之地，玄鸟也曾为其国之徽记，以玄鸟降圣之姿，彰金乌诞生之荣耀。

01

01——两翼、尾翎对称，如同一个“商”字

天命玄鸟，降而生商

天地混沌如鸡子，盘古生其间。

万物的初始状态都是一颗小小的卵，混混沌沌，无所分明。只有打破了混沌，建立秩序，世间种种才能据此创造。

既然天地都是卵生，那么圣君自然也是一样。诞生者，蛋生也。

玄鸟本是凤子，甚至是凤皇的长子，地位高于孔雀和大鹏。然而在史册间，玄鸟的身影只是惊鸿一瞥。

帝喾时期，天下归心，四海咸服。众多邦国不仅朝贡天子，更是争先恐后地将公主、族女嫁入王宫，希望诞育未来的天子和诸侯。但帝喾深谙平衡权术，眼光独到，娶羌戎小族之女姜嫄为正妃、北狄有娀氏之女简狄为次妃，另有陈锋氏之女、娵訾氏之女，均为宫妃。

不久之后，其他的妃子皆有所出，而诞生的王子也都带着异象出世，昭示着未来的荣光。可是带着族人希望的简狄，却始终不曾有孕。

一天，简狄带着自己的妹妹去往玄丘，在行宫温泉内沐浴，恰有玄鸟飞过，遗落下两枚五色兼备的燕卵。简狄见到玄鸟，思乡之情便被勾起。在辽远北域的家乡，每到春祀时节，总有玄鸟从南而来，在祭台前飞舞不去。族人们将它视作高禖之神，纷纷向它朝拜，祈求美好的姻缘和健康的后代。

玄鸟遗卵，当为祥瑞。

来自北域的简狄将这视作命运的转折点——苦寒之地的部落小族，也要在众多环绕中原的邦国之中寻求立足之地，甚至问鼎至高的王权。

简狄吞下了那两枚燕卵。第二年玄鸟北归的时候，她已经生下了一个王子，取名为契。

契长成以后，有助禹治水之功，受封于商地，赐姓为子。此后玄鸟年年飞来，岁岁徘徊而去，契的子孙逐渐繁盛，逐渐壮大。有娀氏没落在历史长河之中，没有一丝水花，可是契的部族强盛起来，以商为族名，最后推翻夏朝，站到了王权的顶峰。

而这一切，都起始于那个春日，玄鸟的无端造访。

鬼车

guǐchē

凤之九雏多显光耀，受人崇敬，唯有鬼车是个异类。奇鸧、鬼鸟、九凤、九婴、姑获鸟，均是它的别名。典籍记载的，尽是它食人作祟的恶事。它的形状十分怪诞，十颈九头，交相纠缠。头颅如人，各具神态。振翅而飞时，尾似凤翎一般拖着云霓，头则有蓬蓬卷发，叫起来如车轮轧轧，羽毛相摩霍霍有声。

因它夜里飞行，得名夜行游女，又名钩星，一名隐飞。传说其为“乳母鸟”，把血滴于婴孩衣上，作为标记，披星而来，降下灾祸带走婴儿。更有传说，鬼车解羽便化作美女，曾有豫章男子藏其羽衣，娶以为妇，后生三女，皆得羽衣飞去。

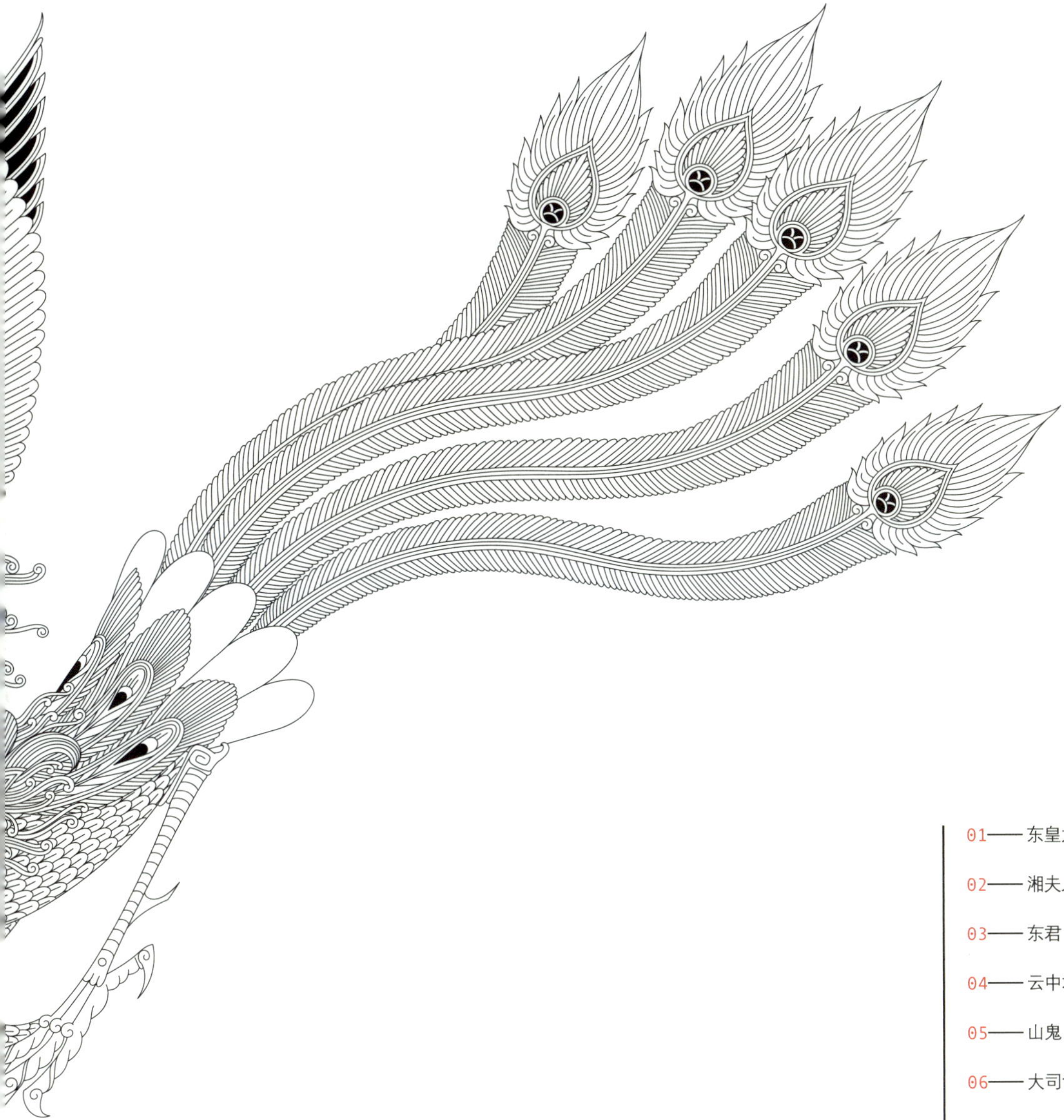

01—— 东皇太一

02—— 湘夫人

03—— 东君

04—— 云中君

05—— 山鬼

06—— 大司命

07—— 少司命

08—— 河伯

09—— 国殇

九头虫

jiǔtóuchóng

祭赛国高塔藏有佛宝，金光万里穿云。都城以外乱石山下，有寒潭名为碧波潭，深处有龙宫。正是：万圣龙王亲坐镇，龙子龙女聚满堂。明珠掌上贵公主，娇容映丽待闺中。虽在水府配龙女，驸马号称九头虫。浑身团羽结锦絮，九头攒环翅张扬。

世间有五虫，毛羽昆鳞蠃。虫之一字，分为五形，各具异态。此怪颈似群蛇盘盘扭扭，头如秃鹫戴着铁喙，身被层羽，后拖长尾，足趾细长，爪带倒钩，真个是：五趾撑开似笊篱，能拔峰峦破云霄。尚有别号为九婴，本是羽虫潜浪底。无意西行阻路途，却盗佛宝定因由。

大圣不善水战，托请二郎真君，哮天犬蓄势而发，利齿咬断一头。九头虫铩羽而投往北海，逃得性命，而断头始终滴血，世人皆谓为鬼车遗种。

附录

四海龙与龙九子

羽龙

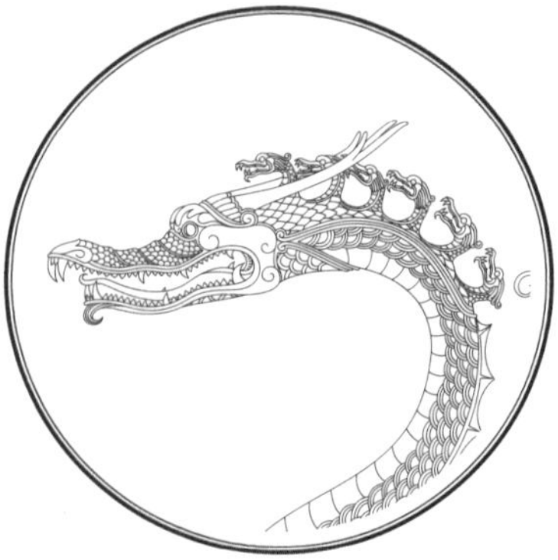

商龙

角龙

徵龙

赑屃

囚牛

嘲风

睚眦

狴犴

狻猊

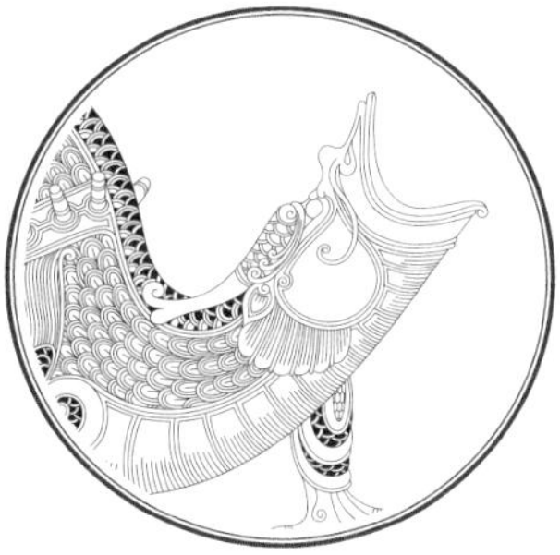

蒲牢

蚣蝮

椒图

五方神凤与凤九雏

幽昌

鹔鹴

凤皇

发明

焦明

玄鸟

孔雀

金翅大鹏

鸑鷟

鸿鹄

鵕鸃

鹥鸟

鬼车

鹓鶵

八卦图

由外向内：

- 八卦
- 佛教四大部洲、四大天王
- 《封神演义》四海龙王
- 四方神鸟
- 四季之神
- 五方天帝
- 四神
- 五音
- 五行
- 四方

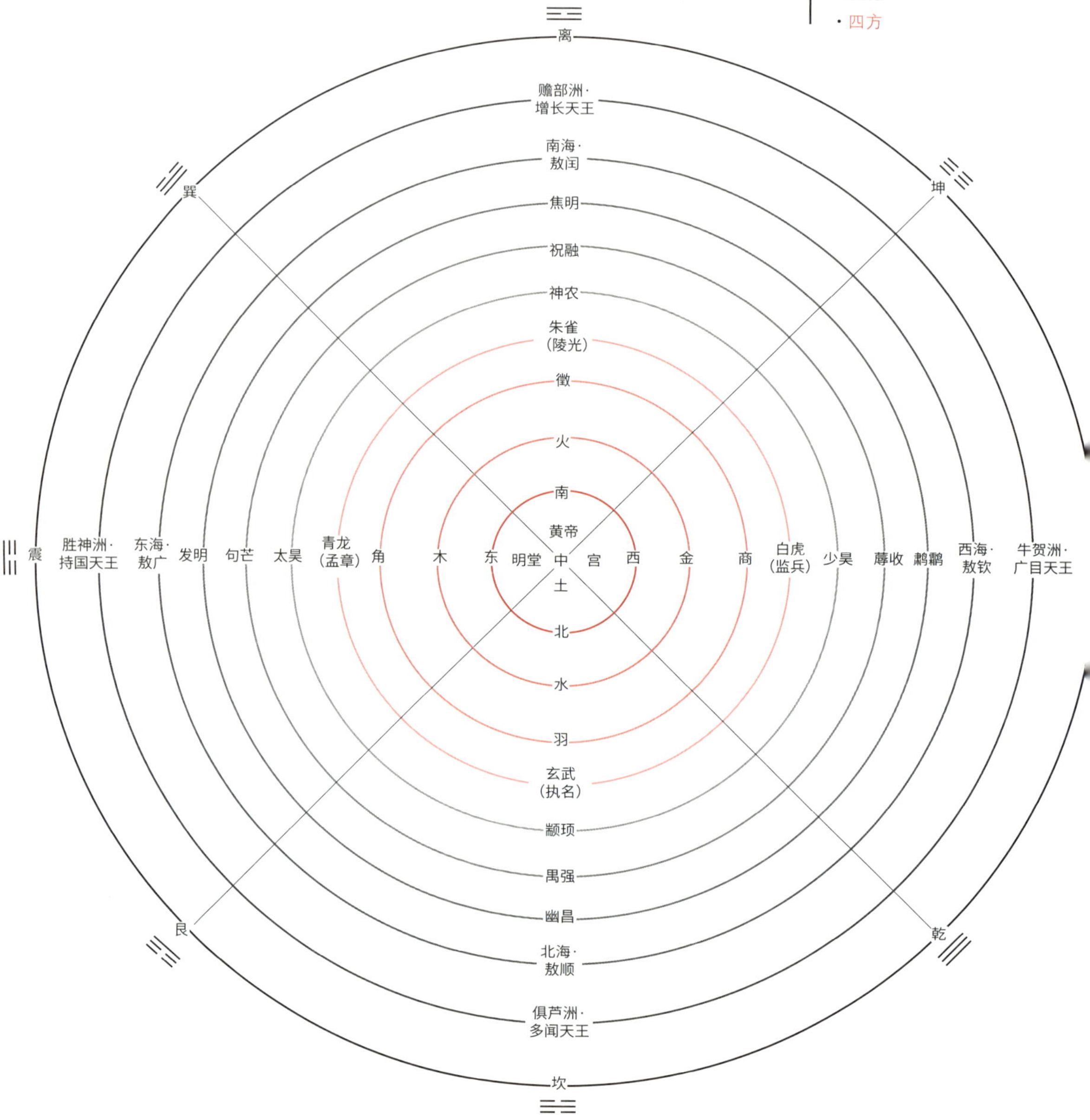

够神的

图书在版编目（CIP）数据

够神的：中国古代神奇动物图鉴 / 方佳翮著、绘
. -- 北京：中信出版社，2020.1
ISBN 978-7-5217-0938-4

Ⅰ. ①够… Ⅱ. ①方… Ⅲ. ①神话－动物－中国－图集 Ⅳ. ① B932.2-64

中国版本图书馆 CIP 数据核字 (2019) 第 179538 号

够神的：中国古代神奇动物图鉴

著　　绘：方佳翮
出版发行：中信出版集团股份有限公司
（北京市朝阳区惠新东街甲 4 号富盛大厦 2 座　邮编　100029）
承 印 者：北京尚唐印刷包装有限公司

开　　本：700mm × 980mm　1/16　　印　　张：13.25　　字　　数：208 千字
版　　次：2020 年 1 月第 1 版　　印　　次：2020 年 1 月第 1 次印刷
广告经营许可证：京朝工商广字第 8087 号
书　　号：ISBN 978-7-5217-0938-4
定　　价：78.00 元